국가공인한자자격시험관리기관시행
교양한자급수시험 대비 수험서

최고의 적중률을 자신합니다!!

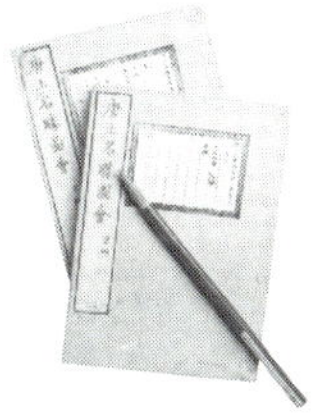

펴낸곳 | 주식회사 형민사
지은이 | 국제 어문 능력 개발원

www.hanja114.org

한자 자격시험
준5급

초판 37쇄	2025. 10. 01
펴 낸 곳	주식회사 형민사
지 은 이	국제어문능력개발원
인터넷구매	www.hanja114.com
구 입 문 의	TEL.02-736-7693~4, FAX.02-736-7692
주　　　소	ⓤ100-032 서울시 중구 수표로 45, B1 101호(저동2가,비즈센터)
등 록 번 호	제2016-000003호
I S B N	978-89-955423-2-3

- 이 책에 실린 모든 편집 내용에 대한 저작권은 '주식회사 형민사'에 있으므로 무단으로 복사, 복제할 수 없습니다.
- 파손된 책은 바꾸어 드립니다.

한자 자격 시험 안내

01 한자자격시험

- 주 관 : 사단법인 한자교육진흥회
- 시 행 : 한국 한자실력평가원

02 한자자격시험 일시

- 연4회 실시
- 응시 자격 : 제한 없음

03 한자자격시험 준비물 및 입실 시간

- 접수 준비물 : 기본인적사항, 응시원서, 응시료, 반명함판 사진(3㎝×4㎝ 2매)
- 시험 준비물
  ① 수험표
  ② 신분증(학생증, 주민등록증, 운전면허증, 여권 – 초등학생과 미취학아동은 건강보험증 또는 주민등록등본(복사본 가능))
  ③ 검정색 펜(7, 8급은 연필사용 가능)
  ④ 수정테이프
- 고사장 입실 시간 : 시험 시작 20분 전까지

04 합격자 발표 및 문의처

- 합격자 발표 : 시험 종료 약 1개월 후
- 홈페이지 : http://www.hanja114.org 또는 한글인터넷주소 : 한자자격시험
- 기타 문의 : 한국 한자실력평가원(전화 02-3406-9111, 팩스 02-3406-9118)

05 한자자격시험 급수별 출제 범위

구분		공인급수				교양급수							
		사범	1급	2급	3급	준3급	4급	준4급	5급	준5급	6급	7급	8급 (첫걸음)
평가한자수	계	5,000자	3,500자	2,300자	1,800자	1,350자	900자	700자	450자	250자	170자	120자	50자
	선정한자	5,000자	3,500자	2,300자	1,300자	1,000자	700자	500자	300자	150자	70자	50자	30자
	교과서· 실용한자어	-	500단어 (이상)	500단어 (이상)	500자 (436단어) (이상)	350자 (305단어) (이상)	200자 (156단어) (이상)	200자 (139단어) (이상)	150자 (117단어) (이상)	100자 (62단어) (이상)	100자 (62단어) (이상)	70자 (43단어) (이상)	20자 (13단어) (이상)

∗ 한자자격시험은 사범~8급까지 총 12개 급수로 구성
∗ 1급과 2급은 직업분야별 실용한자어, 3급 이하는 교과서 한자어를 뜻함
∗ 3급 이하의 교과서 한자어에서는 한자쓰기 문제를 출제하지 않음 (자세한 사항은 홈페이지를 참조하시기 바랍니다.)
∗ 巾(수건 건)자는 교육부지정 선정한자 (1,800자)에서 제외된 글자이나, 실생활에 자주 활용되고 部首자이므로 준5급에 추가하여 80+1자가 되었음

한자자격시험 준5급

06 급수별 출제 문항 수 및 출제기준

구분		급수	사범	1급	2급	3급	준3급	4급	준4급	5급	준5급	6급	7급	8급(첫걸음)
출제기준		문항수 합계	200	150	100	100	100	100	100	100	100	80	50	50
	주관식	문항수	150	100	70	70	70	70	70	70	70	50	20	20
		비율(%)	75%이상	65%이상	70%이상	70%이상	70%이상	70%이상	70%이상	70%이상	70%이상	60%이상	40%이상	40%이상
		한자쓰기(비율%)	25	25	25	20	20	20	20	20	20	10	—	—
	객관식	문항수	50	50	30	30	30	30	30	30	30	30	30	30
문항별 배점			2	2	2	2	1	1	1	1	1	1.25	2	2
만점 (환산점수:100점 만점)			400(100)	300(100)	200(100)	200(100)	100	100	100	100	100	100	100	100

07 급수별 합격기준

구분 \ 급수	사범	1급	2급	3급	준3급	4급	준4급	5급	준5급	6급	7급	8급(첫걸음)
합격기준 (문항수 기준)	80%이상	70%이상	70%이상	70%이상	70%이상	70%이상	70%이상	70%이상	70%이상	70%이상	70%이상	70%이상

* 각 급수별 합격 기준 이상의 점수를 얻어야 합격할 수 있음

08 급수별 시험시간, 출제 유형별 비율(%)

구분		급수	사범	1급	2급	3급	준3급	4급	준4급	5급	준5급	6급	7급	8급(첫걸음)
		시험시간	120분	80분	60분	60분	60분	60분	60분	60분	60분	60분	60분	60분
출제유형·비율(%)	급수별선정한자	훈음	25	25	25	15	15	15	15	15	15	20	25	25
		독음	35	35	35	15	15	15	15	15	15	20	25	25
		쓰기	25	25	25	20	20	20	20	20	20	10	-	-
		기타	15	15	15	15	15	15	15	15	15	15	15	15
		소계	100	100	100	65	65	65	65	65	65	65	65	65
	교과서한자어	독음	-	-	-	15	15	15	15	15	15	15	15	15
		용어뜻	-	-	-	10	10	10	10	10	10	10	10	10
		쓰기	-	-	-	0	0	0	0	0	0	0	0	0
		기타	-	-	-	10	10	10	10	10	10	10	10	10
		소계	-	-	-	35	35	35	35	35	35	35	35	35
	합계		100	100	100	100	100	100	100	100	100	100	100	100

한자 자격 시험 안내

09 원서접수 방법

〈방문 접수와 인터넷 접수 가능〉

- 방문 접수 : 지역별 원서접수처를 직접 방문하여 접수하는 경우
  - 응시급수 선택 : 한자자격시험 급수별 출제범위를 참고하여, 응시자에 알맞은 급수를 선택
  - 원서 접수 준비물 확인 : 응시자 성명(한자) / 생년월일 / 학교명,학년,반 / 전화번호 / 우편번호,주소 / 반명함판 사진2매(3×4cm) / 응시료
  - 원서 작성 · 접수 : 한자자격시험 지원서를 작성 후 접수
  - 수험표 확인 : 수험표의 응시급수, 수험번호, 성명, 생년월일, 고사장명, 고사장 문의전화, 시험일시를 재확인

- 인터넷 접수 : 한자자격시험 홈페이지에 접속하여 원서를 접수
  (홈페이지 : http://www.hanja114.org, 또는 한글인터넷주소 : 한자자격시험)

10 국가공인 한자자격 취득자 우대

- 자격기본법 제23조 3항에 의거 국가자격 취득자와 동등한 대우 및 혜택
- 정부기관에서 공무원 직무능력 향상의 수단으로 권장
- 육군 간부, 군무원의 인사고과 반영
- 공공기관과 기업체 채용, 보수, 승진과정에서 우대하며 대학의 입학전형에 반영
  ※ 반영 비율 및 세부 사항은 기업체 및 각 대학 입시 요강에 따름
- 2005학년도 대학수학능력시험부터 '漢文'을 선택과목으로 채택
- 한국방송통신대학교 중어중문학과 졸업논문 대체인정(1급 이상)
- 대상 급수 : 한자실력 사범, 1, 2, 3급

▶▶ 이 책은 국가공인 한자자격시험 관리·운영기관인 사단법인 한자교육진흥회 주관으로 한국 한자실력평가원에서 시행하는 준5급 [한자자격시험]을 대비하기 위한 학습서입니다.

▶▶ 여기에서는 한자실력평가원의 준5급 한자 250자(준5급 선정한자 150자+교과서 한자 100자로 구성)를 주제별로 배치하여 학습할 수 있도록 하고 있습니다.

▶▶ 주제별로 구성된 단원구조는 '스스로 학습'을 이끌어 주는 과학적 학습유도장치로, 이는 학교 현장에서 수년간 학생들을 지도하면서 체험한 효과적 학습방법을 구조화시킨 것이며 교사들의 보이지 않는 진실한 노력과 고뇌가 녹아있는, 한자 학습자의 능률을 극대화할 수 있는 매우 유용한 방법입니다.

▶▶ 지금까지의 한자학습이 '한자의 글자 수' 암기력을 테스트한 것이었다면, [한자자격시험]은 한자 암기는 물론, 초·중·고의 학교급별 교과서에 쓰이고 있는 한자어를 읽고, 쓰고, 뜻을 알게하는 과정을 통해 우리말의 어휘력과 사고력, 문제의 핵심을 파악하게 하는 능력 등을 높여 자연스럽게 교과학습 성취도를 높일 수 있게 하는 잠재적 목표까지 설정하고 있습니다.

이 책의 짜임새

이 책은 준5급 한자자격시험에 출제되는 한자(어)를 크게 주제별로 다섯 단원으로 구조화하였으며 학습과정에서 연상활동을 자극하여 한자 및 한자어 등을 단계적으로 쉽게 익힐 수 있게 구성하였다.

- 제1주제 단원에서는 '자연, 수학, 환경'과 관계 깊은 한자를 다루고 있고, 수학이나 과학 교과서 등에 자주 등장하는 한자어를 익힐 수 있도록 하였다.
- 제2주제 단원에서는 '언어의 세계'라는 주제 속에서 관련 한자를 익히면서, 국어 등의 교과서에 자주 등장하는 한자어를 익힐 수 있도록 하였다.
- 제3주제 단원에서는 '사회, 정치, 경제'라는 주제 속에서 관련 한자를 공부하면서, 사회 교과서 등에 자주 등장하는 한자어를 익힐 수 있도록 하였다.
- 제4주제 단원에서는 '역사, 지리'라는 주제로 관련 한자를 다루면서, 역사와 지리에 자주 등장하는 교과서 한자어를 익힐 수 있도록 하였다.
- 제5주제 단원에서는 '나와 우리'라는 주제로 민주적 생활 태도 및 공동체 생활 등과 관련된 한자를 다루면서, 도덕, 사회 교과서 등에 자주 등장하는 한자어를 익힐 수 있도록 하였다.
- 주제별 각 단원은 선정한자 익히기, 교과서 한자어 자세히 알기, 꼭 알아야 할 고사성어, 한자성어, 단원 마무리 연습문제로 구성되어 있다.
- 「선정한자 익히기」에서는 준5급 선정한자를 쓰면서, 훈·음, 부수, 총획수 등을 알게 하였고, 또한 도움말을 통해 글자의 자원을 알 수 있게 하여 글자에 대한 깊이

있는 이해를 돕고, 용례를 제시해 어떻게 그 글자가 쓰이는지도 알도록 하고 있다.

- 「교과서 한자어 자세히 알기」에서는 주제별 관련 교과서에 등장하는 한자어의 훈·음과 뜻을 익히고, 어떻게 쓰이는지를 알게 하고 있다. 이 과정은 자연스럽게 우리말의 어휘력 신장에도 도움을 주도록 구성되어 있다.

- 「꼭 알아야 할 고사성어, 한자성어」에서는 고사성어를 통해 한자에 대한 재미를 찾게 하고, 한자성어 익히기를 통해 한자와의 친근감을 높임과 동시에 빛나고 바른 인성을 자극하고 있다.

- 각 주제의 끝 부분에 배치되어 있는 「단원 마무리 연습문제」는 그 단원에서 배운 내용을 총 정리해 볼 수 있도록 하여 학습 효과를 배가시키고 있다. 특히 문제의 지문이나 보기 등에 제시된 단어 하나하나까지도 교육적 의미를 생각하여 배치하고 있다.

- 6단원에서는 연습문제 5회분과 최근 기출문제를 실어 한자자격시험에 대비할 수 있게 하였다.

이 책의 활용

선정 한자 익히기 편에서는
- 큰 소리로 훈(뜻)과 음을 읽으면서 필순을 지켜 써 보세요!
- 제시된 빈 칸 수만큼 쓰다 보면 저절로 한자를 익힐 수 있습니다.

교과서 한자어 자세히 알기 편에서는
- 제시된 단어를 큰 소리로 읽고, 훈과 음을 읽은 후 풀이말을 몇 차례 읽어봅니다. 그리고 쓰임을 읽으면서 빈 칸에 한자어를 정자로 또박 또박 써 나갑니다.

꼭 알아야 할 고사성어, 한자성어 편에서는
- 제시된 고사성어를 읽고 이어서 각 글자의 훈과 음을 읽어본 다음, 뜻을 큰 소리로 읽고 나서 빈 칸에 한자성어를 써 나갑니다.

단원 마무리 연습문제 편에서는
- 각 주제의 끝 부분에 주관식과 객관식의 30여 문제가 함께 섞여 구성된 평가 문항입니다. 이 문제들을 풀어보면서 앞에서 배운 한자와 한자어 등을 다시 생각해 보고, 혹 잘 모르는 문제가 있다면 본문을 다시 살펴서 완전히 익히고 다음 단계로 넘어가기 바랍니다.

※ 참고문헌 : 이재전, 《최신 한자교본》, (도서출판 에코노미, 2002)
　　　　　　 장형식, 《부수해설》, (한국 한자실력평가원, 2000)
　　　　　　 홍순필, 《한선문 신옥편-정음옥편 한글판》, (보문관, 1917)
　　　　　　 《大漢韓辭典》, (교학사, 1998) 등

03	한자 자격시험 안내
06	이 책의 짜임, 활용
10	급수별 선정한자 일람표
12	준5급 교과서 한자어 일람표

1 자연, 수학, 환경

15	1-1. 선정 한자 익히기
19	1-2. 교과서 한자어 자세히 알기
22	1-3. 알아두면 유익한 한자성어
26	1-4. 단원 마무리 연습문제

2 언어의 세계

31	2-1. 선정 한자 익히기
35	2-2. 교과서 한자어 자세히 알기
38	2-3. 알아두면 유익한 한자성어
42	2-4. 단원 마무리 연습문제

3 사회, 정치, 경제

47	3-1. 선정 한자 익히기
51	3-2. 교과서 한자어 자세히 알기
54	3-3. 알아두면 유익한 한자성어
58	3-4. 단원 마무리 연습문제

차 례

역사, 지리

63	4-1. 선정 한자 익히기
67	4-2. 교과서 한자어 자세히 알기
70	4-3. 알아두면 유익한 한자성어
74	4-4. 단원 마무리 연습문제

나와 우리

79	5-1. 선정 한자 익히기
83	5-2. 교과서 한자어 자세히 알기
86	5-3. 알아두면 유익한 한자성어
90	5-4. 단원 마무리 연습문제

연습문제 및 최근 기출문제

94	연습문제 (01회~05회)
125	최근 기출문제
137	정답

급수별 선정한자 일람표

*표시는 길게 발음된 글자. # 표시는 장음 단음 두 가지로 발음된 글자임
( )안은 간체자

8급 선정 한자

一	한	일	
二	두	이	*
三	석	삼	
四	넉	사	*
五	다섯	오	*
六	여섯	륙	
七	일곱	칠	
八	여덟	팔	
九	아홉	구	
十	열	십	
日	날	일	
月	달	월	
火	불	화	#
水	물	수	
木	나무	목	
上	윗	상	*
中	가운데	중	
下	아래	하	*
父	아버지	부	
母	어머니	모	*
王	임금	왕	
子	아들	자	
女	계집	녀	
口	입	구	#
土	흙	토	
山	메	산	
門	문	문(门)	
小	작을	소	*
人	사람	인	
白	흰	백	#

7급 선정 한자

江	강	강	
工	장인	공	
金	쇠	금	
男	사내	남	
力	힘	력	
立	설	립	
目	눈	목	
百	일백	백	
生	날	생	
石	돌	석	
手	손	수	#
心	마음	심	
入	들	입	
自	스스로	자	
足	발	족	
川	내	천	
千	일천	천	
天	하늘	천	
出	날	출	
兄	맏	형	

6급 선정 한자

東	동녘	동(东)	
西	서녘	서	
南	남녘	남	
北	북녘	북	
方	모	방	
向	향할	향	*
內	안	내	*
外	바깥	외	*
同	한가지	동	
名	이름	명	
青	푸를	청	
年	해(=季)	년	
正	바를	정	#
文	글월	문	
主	주인	주	
寸	마디	촌	*
弟	아우	제	*
夫	지아비	부	
少	적을	소	*
夕	저녁	석	

준5급 선정 한자

歌	노래	가	
家	집	가	
間	사이	간(间)	#
車	수레	거(车)	
巾	수건	건	
古	예	고	*
空	빌	공	
敎	가르칠	교	*
校	학교	교	*
國	나라	국	
軍	군사	군	
今	이제	금	
記	기록할	기(记)	
氣	기운	기(气)	
己	몸	기	
農	농사	농	
答	대답	답	*
代	대신할	대	*

한자자격시험 준5급

大	큰	대	*	羊	양	양	
道	길	도		語	말씀	어(语)	*
洞	골	동	*	午	낮	오	*
登	오를	등		玉	구슬	옥	
來	올	래(来)	#	牛	소	우	*
老	늙을	로	*	右	오른	우	*
里	마을	리	*	位	자리	위	
林	수풀	림		有	있을	유	*
馬	말	마(马)	*	育	기를	육	
萬	일만	만(万)	*	邑	고을	읍	
末	끝	말		衣	옷	의	
每	매양	매	#	耳	귀	이	*
面	낯	면	*	字	글자	자	
問	물을	문(问)	*	長	긴	장(长)	#
物	물건	물		場	마당	장(场)	
民	백성	민		電	번개	전(电)	*
本	근본	본		前	앞	전	
不	아니	불		全	온전할	전	
分	나눌	분	#	祖	할아비	조	
士	선비	사	*	左	왼	좌	*
事	일	사	*	住	살	주	
色	빛	색		地	땅	지	
先	먼저	선		草	풀	초	
姓	성씨	성	*	平	평평할	평	
世	세상	세	*	學	배울	학(学)	
所	바	소	*	韓	나라이름	한(韩)	#
時	때	시(时)		漢	한수	한(汉)	*
市	저자	시	*	合	합할	합	
食	먹을	식		海	바다	해	*
植	심을	식(植)		孝	효도	효	*
室	집	실		休	쉴	휴	
安	편안할	안					

음과 뜻이 여럿인 한자

■■ 8급 ■■

父	1. 아비	부
	2. 남자미칭	보

■■ 7급 ■■

金	1. 쇠	금
	2. 성	김

■■ 6급 ■■

內	1. 안	내
	2. 여관(女官)	나
北	1. 북녘	북
	2. 달아날	배

■■ 준5급 ■■

車	1. 수레	거
	2. 수레	차
分	1. 나눌	분
	2. 푼	푼
不	1. 아니	불
	2. 아니	부
食	1. 밥	사
	2. 먹을	식
合	1. 합할	합
	2. 홉	홉

준5급 교과서 한자어 일람표

※ 아래 한자어들은 교과서에 있는 단어(한자어) 중 자주 쓰이거나 꼭 알아두어야 할 한자어입니다.
교과서 한자어의 한자 쓰기 문제는 출제되지 않습니다.

가족	家族	반성	反省	자료	資料
각	角	부도체	不導體	전지	電池
감상	感想	분동	分銅	주제	主題
경제	經濟	상상	想像	지도	地圖
고체	固體	선택	選擇	지출	支出
공공	公共	소득	所得	지층	地層
관광객	觀光客	소재	素材	질서	秩序
관찰	觀察	속담	俗談	체조	體操
구애행동	求愛行動	시	詩	축척	縮尺
국보	國寶	실천	實踐	토론	討論
기사	記事	액체	液體	퇴적	堆積
농촌	農村	약속	約束	투표	投票
답사	踏査	양보	讓步	판매	販賣
대분수	帶分數	역사	歷史	편견	偏見
대조	對照	연상	聯想	편지	便紙
도시	都市	연표	年表	한반도	韓半島
등고선	等高線	예금	預金	행복	幸福
문단	文段	예절	禮節	화석	化石
문화재	文化財	유통	流通	화음	和音
박람회	博覽會	은행	銀行	화제	話題
박물관	博物館	음악	音樂		

1 자연, 수학, 환경

1-1. 선정 한자 익히기
1-2. 교과서 한자어 자세히 알기
1-3. 알아두면 유익한 한자성어
1-4. 단원 마무리 연습문제

학습의 주안점
이 단원에서는 자연과 수학, 그리고 환경과 관련 있는
한자들을 읽고 쓰며, 그 뜻을 정확히 알도록 노력합시다.

www.hanja114.org

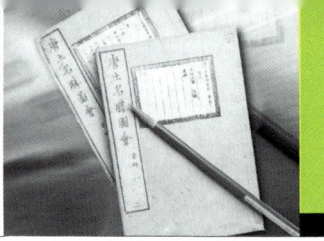

 새로 익힐 선정 한자

空	빌	공	牛	소	우
氣	기운	기	耳	귀	이
農	농사	농	電	번개	전
物	물건	물	前	앞	전
色	빛	색	地	땅	지
植	심을	식	草	풀	초
羊	양	양	合	합할	합
午	낮	오	海	바다	해

 **교과서에 나오는 한자어**

각	角	분동	分銅
고체	固體	액체	液體
관찰	觀察	전지	電池
구애행동	求愛行動	지층	地層
대분수	帶分數	퇴적	堆積
부도체	不導體	화석	化石

선정 한자 익히기

훈	빌 헛될 하늘	음	공	부수	穴
필순	丶宀宂宂空空			총획	8

도움말

'穴'(구멍 혈)과 'エ'(만들 공)이 더해진 글자로, 공구(エ)로 땅을 파낸 곳이 비어 있다하여 '비다'라는 뜻을 지닌다.

용례

空間(공간) 空氣(공기) 空想(공상)

훈	기운 숨 기체	음	기	부수	气
필순	丿𠂉气气氛氣氣			총획	10

도움말

'气'(기운 기)와 '米'(쌀 미)가 더해진 글자로, 쌀밥을 먹으면 기운이 솟는다는 데서 '기운'의 뜻을 지닌다.

용례

氣力(기력) 氣運(기운) 生氣(생기) 香氣(향기)

훈	농사	음	농	부수	辰
필순	曲曲曲農農農			총획	13

도움말

'曲'('田-밭 전'이 변한 글자)와 '辰'(새벽 신)이 더해진 글자로 새벽부터 밭을 가는 '농부'를 뜻하기도 하며, 농부가 하는 '농사' 일을 뜻한다.

용례

農夫(농부) 農事(농사) 農村(농촌) 農産物(농산물)

훈	물건 살필	음	물	부수	牛
필순	丿𠂉牛牜物物			총획	8

도움말

'牛'(소 우)와 '勿'(말 물)이 더해진 글자로, 소는 가축 중에서 크고 가치가 있는 것으로 물건의 대표라고 한 데서 유래하여 '물건'이라는 뜻을 지닌다.

용례

物件(물건) 物質(물질) 植物(식물) 動物(동물)

훈	빛	음	색	부수	色
필순	丿𠂉夕色色色			총획	6

도움말

'人'(사람 인)과 '巴'(=卩 마디 절)이 더해진 글자로, 사람의 마음에 있는 것이 부절(符節)처럼 나타나는 '얼굴 빛'을 뜻하여 '빛'이라는 뜻을 지닌다.

용례

顔色(안색) 黑色(흑색) 形形色色(형형색색) 草綠同色(초록동색)

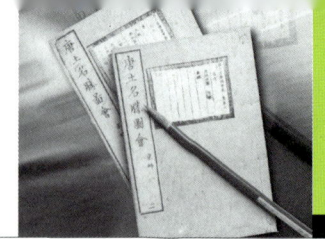

한자자격시험 준5급

도움말
'木'(나무 목)과 '直'(곧을 직)이 더해진 글자로, 나무나 식물을 곧게 세워 심는다는 데서 '심다'의 뜻을 지닌다.

용례
植物(식물) 植木日(식목일)
動植物(동식물)

훈	심을 식물	음	식	부수	木
필순	一 十 木 朽 柿 植 植			총획	12

도움말
양의 모양을 본뜬 글자

용례
羊毛(양모) 山羊(산양) 羊皮(양피)

훈	양	음	양	부수	羊
필순	丶 丷 爫 ⺷ 羊 羊			총획	6

도움말
들어 올린 모양을 본뜬 글자로, 12지(支)의 일곱 번째로 '한낮'이라는 뜻을 지닌다.

용례
午前(오전) 午後(오후) 端午(단오)

훈	낮	음	오	부수	十
필순	丿 亠 午			총획	4

도움말
소의 모양을 본 뜬 글자

용례
牛乳(우유) 牛角(우각)
牛耳讀經(우이독경)

훈	소	음	우	부수	牛
필순	丿 亠 ⺧ 牛			총획	4

도움말
귀의 모양을 본 뜬 글자

용례
耳順(이순) 中耳炎(중이염)
耳目口鼻(이목구비)

훈	귀	음	이	부수	耳
필순	一 T F F 王 耳			총획	6

1. 자연, 수학, 환경

선정 한자 익히기

훈	번개 전기	음	전	부수	雨
필순	一一一一一一一雨雨雨雷雷電			총획	13

도움말
'雨'(비우)와 '申'(펼 신-모양 변형)이 더해진 글자로, 비가 올 때 번쩍 빛을 펼치는 것은 '번개'라는 데서 '번개'라는 뜻을 지닌다.

용례
電氣(전기) 電力(전력) 充電(충전) 發電(발전)

훈	앞 먼저	음	전	부수	刀(刂)
필순	一一一一一前前前前			총획	9

도움말
배를 멈추는 밧줄을 풀면 배가 앞으로 나아간다는 데서 '앞'의 뜻을 지닌다.

용례
前進(전진) 前後(전후) 午前(오전) 直前(직전)

훈	땅 곳 지위	음	지	부수	土
필순	一十土土地地			총획	6

도움말
큰 뱀이 꿈틀 거리듯 땅의 굴곡된 형상에서 '땅'의 뜻을 지닌다.

용례
地圖(지도) 地上(지상) 農地(농지) 陰地(음지)

훈	풀 초잡을 시작할	음	초	부수	艹
필순	一一一一一一一一一草			총획	10

도움말
'艹'(풀 초)와 '早'(이를 조)가 더해진 글자로, 이른 봄에 가장 먼저 싹이 돋아나는 것은 '풀'이라는 뜻을 지닌다.

용례
草家(초가) 草原(초원) 藥草(약초) 甘草(감초)

훈	①합할, 맞을 ②홉	음	① 합 ② 홉	부수	口
필순	ノ人𠆢合合合			종획	6

도움말
'人'(모일 집)과 '口'(입구)가 더해진 글자로, 그릇의 입구에 뚜껑을 덮는다 하여 '합하다', '더하다'의 뜻을 지닌다.

용례
合同(합동) 合計(합계) 和合(화합) 混合(혼합)

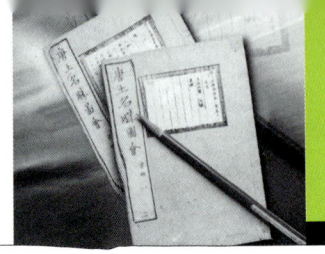

바다 해

훈	바다	음	해	부수	水(氵)
필순	｀氵氵汇海海海			총획	10

도움말

'氵'(물 수)에 '每'(매양 매)를 더한 글자로, 모든 강물이 다 모이는 곳이 '바다'라는 뜻을 지닌다.

용례

海女(해녀) 海風(해풍) 大海(대해) 近海(근해)

1 쉬어가는 페이지

玉篇(옥편)과 字典(자전)의 차이점은 무엇인가?

국어 시간에 낱말의 의미를 몰라서 찾기 위한 책을 사전이라고 한다. 그러나 한자는 하나 하나가 의미를 갖고 있기 때문에 모르는 한자를 알기 위한 책은 자전(字典)이라고 한다. 옥편(玉篇)이란 중국인 '고야왕'이란 학자가 발행한 자전의 이름이었으나, 그 이후에 일반적으로 사용하는 자전의 의미가 되어버렸다. 그래서 옥편(玉篇)이 자전(字典)의 의미로 함께 불리우고 있는 것이다. 앞으로 한자를 찾는 책은 자전(字典)이라고 칭하는 것이 올바른 표현이라고 할 수 있다.

교과서 한자어 자세히 알기

각 / 角
- **훈음**: 뿔 **각**
- **풀이**: 한 점에서 뻗어 나간 두 반직선이 이루는 도형
- **쓰임**: 角의 크기에 따라 예각, 둔각, 직각으로 나눈다.

고체 / 固體
- **훈음**: 굳을 **고**, 몸 **체**
- **풀이**: 덩어리로 되어 있고 일정한 부피와 모양을 갖고 있는 물질
- **쓰임**: 액체를 차게 하면 固體가 됩니다.

관찰 / 觀察
- **훈음**: 볼 **관**, 살필 **찰**
- **풀이**: 사물의 있는 그대로의 현상을 주의 깊게 살펴봄
- **쓰임**: 개미의 생태를 觀察해 보았다.

구애행동 / 求愛行動
- **훈음**: 구할 **구**, 사랑 **애**, 다닐 **행**, 움직일 **동**
- **풀이**: 사랑을 구하는 행동, 동물이 짝짓기를 하기 전에 하는 행동
- **쓰임**: 사람들의 求愛 行動은 어떤 방법으로 이루어질까요?

대분수 / 帶分數
- **훈음**: 띠 **대**, 나눌 **분**, 셈 **수**
- **풀이**: 정수와 진분수의 합으로 이루어진 분수
- **쓰임**: 3과 2분의 1은 帶分數이다.

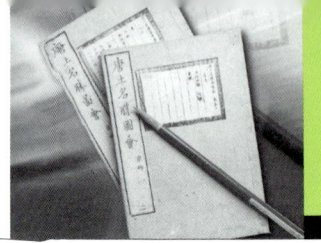

부도체 不導體

- **훈음**: 아니 **불**, 인도할 **도**, 몸 **체**
- **풀이**: 전기가 통하지 않는 물질 (↔도체)
- **쓰임**: 不導體는 '절연체'라고도 하며 유리, 자기 등이 이에 속한다.

분동 分銅

- **훈음**: 나눌 **분**, 구리 **동**
- **풀이**: 물건의 무게를 달 때, 무게의 표준으로서 한쪽 저울판 위에 올려놓는 쇠붙이로 된 추
- **쓰임**: 물체의 무거운 순서를 비교할 때 分銅과 같은 기준이 되는 물체를 사용하면 편리하다.

액체 液體

- **훈음**: 즙 **액**, 몸 **체**
- **풀이**: 물이나 기름처럼 일정한 부피는 있으나 일정한 모양이 없이, 그릇의 모양에 따라 변하는 물질
- **쓰임**: 물, 알코올, 식용유 중에서 가장 빨리 증발하는 液體는 어느 것입니까?

전지 電池

- **훈음**: 번개 **전**, 못 **지**
- **풀이**: 화학적인 반응에 의하여 전기를 일으키는 장치
- **쓰임**: 電池의 연결 방법에는 직렬 연결과 병렬 연결이 있습니다.

지층 地層

- **훈음**: 땅 **지**, 층 **층**
- **풀이**: 암석이 층으로 쌓여 있는 것
- **쓰임**: 地層은 강바닥이나 강가, 호숫가, 바다에 주로 진흙, 모래, 자갈 등이 쌓여서 생긴 것입니다.

1. 자연, 수학, 환경

교과서 한자어 자세히 알기

퇴적 堆積

- **훈음**: 언덕, 쌓을 **퇴**, 쌓을 **적**
- **풀이**: 많이 덮쳐 쌓임
- **쓰임**: 암석의 부스러기 및 생물의 유해 따위가 물·빙하·바람의 작용으로 운반되어 어떤 곳에 쌓이는 일을 堆積 작용이라고 한다.

화석 化石

- **훈음**: 될, 변화할 **화**, 돌 **석**
- **풀이**: 옛날에 살았던 동물이나 식물이 퇴적암에 들어 있거나 그 흔적이 남아 있는 것
- **쓰임**: 물고기 化石이 산에서 발견되기도 합니다.

2 쉬어가는 페이지

學習(학습)의 의미는 무엇인가?

학교 주변이나 책방에서 우리는 흔히 '학습의 길잡이' 등과 같이 '학습'이란 용어를 자주 접하게 된다. 學習(학습)이란 배우고 익히는 것을 뜻하는 말이다. '學'이란 아버지나 스승으로부터 뭔가 새로운 것을 배운다는 의미이고, '習'은 어린 새가 어미 새의 날개 퍼득이는 모습을 보고 자기가 직접 해본다는 것을 말한다. 학교에서 배우는 것이 學이라면 집에 가서 스스로 익힌 것을 터득하기 위한 노력이 習인 것이다. 그러므로 공부를 잘하기 위해서는 꾸준한 習이 필요한 이유를 이제야 이해하리라 생각합니다.

한 자 자 격 시 험 준 5 급

 고사성어

많을 다 / 가닥나뉠 기 / 잃을 망 / 양 양

 다기망양

여러 갈래로 갈린 길에서 양을 잃는다는 뜻으로
① 학문의 길이 많아 진리를 찾기 어려움
② 방침이 많아서 어찌할 바를 모름

'여러 갈래로 갈린 길에서 양을 잃는다.' 라는 뜻을 지닌 '다기망양(多岐亡羊)' 이란 말은 전국시대의 사상가인 양자(楊子)와 관계되는 고사성어로 《열자(列子)》〈설부편(設符篇)〉에 나오는 말입니다.

어느 날 양자의 이웃집 사람이 양 한 마리를 잃어버렸는데, 그 집 사람들은 물론 양자네 집 하인들까지 동원해서 양을 찾아 나섰습니다. 일이 하도 소란스러워지자 양자가 양 한 마리 찾는데 왜 그렇게 많은 사람이 나서느냐고 물었습니다.

이에 양자의 하인은 "양이 달아난 길 쪽에는 갈림길이 많기 때문입니다."라고 대답했습니다.

얼마 후 양을 찾으러 갔던 사람들은 양은 찾지도 못하고 지쳐서 돌아왔습니다. 갈림길이 하도 많아 그냥 되돌아 온 것이었습니다. 많은 사람들이 양을 찾으려 했으나 갈림길이 많은 데다가 갈림길에 또 갈림길이 있어 도저히 찾을 수가 없었던 것이지요.

이것을 본 양자(楊子)는 우울한 얼굴로 하루 종일 아무 말도 하지 않았습니다. 제자들은 기껏해야 양 한 마리를 잃은 것이요, 더구나 자기의 양도 아닌데, 스승이 그렇게 침울해 하는 것이 이상하다고 생각하여 아무리 그 까닭을 물어도 양자는 대답조차 하지 않았습니다.

그러던 어느 날, 한 현명한 제자가 심도자라는 선배를 찾아가 그 일을 말하고 스승인 양자가 무슨 생각에서 말을 하지 않고 침묵하는가 물어보았습니다. 이에 심도자는 다음과 같이 말했습니다.

"스승께서는 '단 한 마리의 양이라 할지라도, 큰 길에는 갈림길이 많아 양을 잃어버리면 찾기가 힘든 것이다. 하물며 학문의 길은 어떠한가? 학자 역시 다방면으로 배우다가 무수한 학설들에만 빠져 결국 진리를 깨닫지 못하면 그 또한 무의미한 것 아니겠는가? 학문이란 원래 근본은 하나였는데 그 끝에 와서 이같이 달라지고 말았구나. 그러므로 같은 방법으로 하나의 길로 꾸준히 가다 보면 근본에 도달할 수 있다.' 라고 생각하고 계신 것이라네."

이 고사에서 유래한 '다기망양(多岐亡羊)' 이란 학문을 향한 길이 너무 많아 진리를 찾기 어렵다는 뜻으로 쓰이며, 또한 제시된 방침이 너무 많아 어느 것을 선택하여 따라야 할지 어렵다는 뜻으로 쓰이기도 합니다.

고사성어와 한자성어

山 메 산   海 바다 해   珍 보배 진   味 맛 미

 산해진미

산과 바다에서 나오는 온갖 재료로 만든 진기한 음식.

　우리 나라 고전소설 《토끼전》에 보면 용왕의 병을 고치기 위해 토끼의 간이 필요하다는 의원의 말에 따라, 충신인 별주부가 토끼를 잡으러 육지로 갑니다. 부귀영화(富貴榮華)를 보장해 주겠다는 말을 들은 토끼는 별주부를 따라 용궁으로 향합니다. 토끼는 화려한 용궁과 아리따운 미녀들, 온갖 보석, 그리고 '진수성찬(珍羞盛饌)' 과 '산해진미(山海珍味)' 를 보고는 너무 기뻐하지요. 하지만 자기가 죽을 위험에 처해있음을 알게 되자 '산해진미(山海珍味)' 의 맛도 느끼지 못하고 걱정만 깊어 갑니다. 그러나 토끼는 간을 산에 두고 왔다고 거짓말을 하여 극적으로 용궁을 탈출합니다.

　'산해진미(山海珍味)' 란 말은 당나라 자연과 시인의 대표적 인물인 위응물(韋應物:737~804)이 저술한 《장안도시(長安道詩)》에 나오는 말인데, 그야말로 다양한 재료로 만든 진기한 음식을 이르는 말입니다. 중국에서는 예전부터 "백성은 먹는 것을 하늘처럼 여긴다."라고 할 정도로 먹는 것을 즐기고 중요하게 생각하여 식욕을 만족시키기 위한 다양한 음식이 발달하였습니다.

　중국에서는 '바다 제비집 요리', '사슴 힘줄 요리', '뜸부기 포' 와 같은 진식(珍食:진기한 음식), '낙타 혹으로 만든 음식', '버섯 요리' 같은 기식(奇食:기이한 음식), '고릴라 입술로 만든 음식', '원숭이 뇌로 만든 음식', '곰 발바닥으로 만든 음식' 같은 잔식(殘食:잔인한 음식)등을 '산해진미(山海珍味)' 로 여긴다고 합니다.

　'산해진미(山海珍味)' 역시 권력이나 재물 못지 않게 사람들의 마음을 사로잡습니다. 요즘은 맛있는 음식만 즐기는 미식가(美食家) 뿐 아니라 평범한 사람들도 먹는 것 자체를 즐기는 일이 많아졌답니다. 이 때문에 다양한 재료로 만든 음식이 소개되기도 하고, 색다른 방식으로 만든 음식이 인기를 끌기도 한답니다. 그러나 아무리 소박한 음식이라 해도 건강에 좋은 음식이라면 '산해진미(山海珍味)' 와 견줄 만 하겠지요?

한 자 자 격 시 험 준 5 급

알아두면 유익한 한자성어

기운 기 / 높을 고 / 일만 만 / 길이 장

 기고만장
기운의 높이가 매우 높다는 뜻으로
① 일이 뜻대로 잘 되어 기세가 대단함
② 펄펄 뛸 만큼 몹시 성이 남

선비 사 / 농사 농 / 장인 공 / 장사 상

 사농공상
선비 · 농부 · 장인(匠人) · 상인(商人)의 네 가지 신분을 아울러 이르던 말

메 산 / 내 천 / 풀 초 / 나무 목

 산천초목
산과 내와 풀과 나무, 곧 '자연'을 이르는 말

소 우 / 귀 이 / 읽을 독 / 경서 경

 우이독경
쇠귀에 경 읽기라는 뜻으로
아무리 가르치고 일러 주어도 알아듣지 못함을 이르는 말

단원 마무리 연습문제

♣ 다음 ( ) 안에 공통으로 들어갈 한자를 〈보기〉에서 골라 쓰세요. (1~8)

> **보기**
> 物　農　空　午　草
> 合　海　前

1. (　)間, (　)白
2. (　)後, 下(　)
3. 生(　), 人(　)
4. (　)事, (　)夫
5. 木(　), 水(　)
6. 事(　), 門(　)
7. (　)一, (　)力
8. (　)物, (　)水

♣ 다음 뜻에 해당하는 단어를 〈보기〉에서 골라 한자로 조합하여 쓰세요. (9~13)

> **보기**
> 海　空　草　氣　植
> 地　午　物　前

9. 이것이 없다면 진공상태가 되겠지요. 이 속의 산소 때문에 우리가 생명을 유지하기도 합니다.
(　　　　　)

10. 바다에서 자라는 풀이라는 뜻입니다. 해조라고도 하지요. 미역, 다시마 등이 이에 속합니다.
(　　　　　)

11. 땅 속에 몸의 일부를 붙박아서 이동하지 않으며, 뿌리·줄기·잎을 갖추어 수분을 흡수하고 산소를 배출하면서 광합성(光合成) 등으로 영양을 섭취하는 생물체를 통틀어 이르는 말입니다.
(　　　　　)

12. 정오인 12시 이전을 말합니다.
(　　　　　)

13. 풀이 자라는 땅을 말합니다.
(　　　　　)

♣ 다음 ( ) 안에 들어갈 적합한 한자어를 바르게 쓴 것을 고르세요. (14~21)

14. 액체를 차게 하면 (　)가 됩니다.
① 固體　② 古體　③ 固滯　④ 古滯

15. (　　)는 '절연체'라고도 하는데 유리, 자기 등이 이에 속합니다.
① 不圖體　② 不導體　③ 不刀體　④ 不倒體

16. 물체의 무거운 순서를 비교할 때 (　)과 같은 기준이 되는 물체를 사용하면 편리합니다.
① 分棟　② 分洞　③ 分銅　④ 分動

17. (　)의 연결 방법에는 직렬 연결과 병렬 연결이 있습니다.
① 全紙　② 全知　③ 電池　④ 電支

18. 암석의 부스러기 및 생물의 유해 따위가 물, 빙하, 바람의 작용으로 운반되어 어떤 곳에 쌓이는 일을 (　　)작용이라고 합니다.
   ① 退積　② 退的　③ 堆的　④ 堆積

19. 물고기 (　　)이 산에서 발견되기도 합니다.
   ① 化石　② 火石　③ 花席　④ 華石

20. (　　)은 강바닥이나 강가, 호숫가, 바다에 주로 진흙, 모래, 자갈 등이 쌓여서 생긴 것입니다.
   ① 地蹭　② 地層　③ 池層　④ 池蹭

21. 물, 알코올, 식용유 중에서 가장 빨리 증발하는 (　　)는 어느 것입니까?
   ① 額體　② 厄體　③ 液體　④ 腋體

♣ □ 안에 주어진 한자와 관련이 있는 한자끼리 짝지어 보세요. (22~25)

22. 木 ・　　・ 電
23. 米 ・　　・ 植
24. 雨 ・　　・ 午
25. 時 ・　　・ 農

♣ 다음 지시에 적합한 답을 〈보기〉에서 골라 써 보세요. (26~30)

보기
農　前　角　察　混

26. 과일, 채소와 관계 있는 한자를 쓰세요.
   (　　　　　)

27. 소의 머리에 달려 있는 것을 가리키는 한자를 쓰세요.
   (　　　　　)

28. '물건이 섞여 있다.'는 뜻을 가진 한자를 쓰세요.
   (　　　　　)

29. '자세히 살핀다.'는 뜻을 가진 한자를 쓰세요.
   (　　　　　)

30. '뒤'와 반대되는 뜻을 지닌 한자를 쓰세요.
   (　　　　　)

정답

1. 空	2. 午	3. 物	4. 農	5. 草
6. 前	7. 合	8. 海	9. 空氣	10. 海草
11. 植物	12. 午前	13. 草地	14. ①	15. ②
16. ③	17. ③	18. ④	19. ①	20. ②
21. ③	22. 植	23. 農	24. 電	25. 午
26. 農	27. 角	28. 混	29. 察	30. 前

2 언어의 세계

2-1. 선정 한자 익히기
2-2. 교과서 한자어 자세히 알기
2-3. 알아두면 유익한 한자성어
2-4. 단원 마무리 연습문제

| 학습의 주안점 |
이 단원에서는 언어의 세계와 관련 있는 한자들을 읽고 쓰며, 그 뜻을 정확히 알도록 노력합시다.

w w w . h a n j a 1 1 4 . o r g

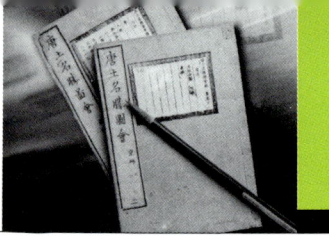

새로 익힐 선정 한자

國	나라	국	分	나눌	분
記	기록할	기	事	일	사
答	대답	답	語	말씀	어
代	대신할	대	有	있을	유
末	끝	말	字	글자	자
問	물을	문	長	긴	장
本	근본	본	全	온전할	전
不	아니	불	學	배울	학

교과서에 나오는 한자어

감상	感想	시	詩
기사	記事	연상	聯想
대조	對照	자료	資料
문단	文段	주제	主題
상상	想像	토론	討論
소재	素材	편지	便紙
속담	俗談	화제	話題

선정 한자 익히기

나라 국

훈	나라	음	국	부수	口
필순	丨冂冃國國國			총획	11

도움말
'口'(에울 위)와 '或'(혹 혹)이 더해진 글자로, '或'은 원래 나라를 뜻하는 글자로 '口'로 둘러서 '나라'라는 뜻을 지닌다.

용례
國家(국가) 韓國(한국) 祖國(조국) 天國(천국)

기록할 기

훈	기록할 기억할	음	기	부수	言
필순	言言記記記			총획	10

도움말
'言'(말씀 언)과 '己'(=紀 기록할 기)를 더한 글자로 말을 글로 '기록한다'는 뜻을 지닌다.

용례
記事(기사) 暗記(암기) 後記(후기) 日記(일기)

대답 답

훈	대답 갚을	음	답	부수	竹
필순	竹竹笞答答			총획	12

도움말
'竹'(대나무 죽)과 '合'(모을 합)이 더해진 글자로, 옛날 대나무에 편지를 써 보낸데 대한 답장을 쓴다는 데서 '대답하다'의 뜻을 지닌다.

용례
答狀(답장) 對答(대답) 正答(정답) 東問西答(동문서답)

 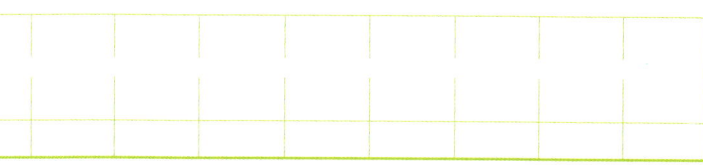

도움말
'亻'(사람 인)과 '弋'(말뚝 익)을 더한 글자로, '바꾸는 표시를 가진 사람'이라는 데서 '대신하다'는 뜻을 지닌다.

용례
代價(대가) 代案(대안) 年代(연대) 後代(후대)

끝 말

훈	끝 가루	음	말	부수	木
필순	一二†末末			총획	5

도움말
'木'(나무목)의 위 쪽에 '一'을 그어서, 그 나무의 위쪽, 즉 나무의 '끝' 부분을 가리키도록 만들어진 글자

용례
末日(말일) 結末(결말) 月末(월말) 週末(주말)

한 자 자 격 시 험 준 5 급

도움말
'門'(문 문)안에 '口'(입 구)를 더한 글자로, 문 앞에서 고한다 하여 '묻다' 라는 뜻을 지닌다.

용례
問病(문병) 問安(문안) 質問(질문) 疑問(의문)

훈	물을 찾을	음	문	부수	口
필순	丨冂冂門門問			총획	11

도움말
'木'(나무 목)의 줄기 부분에 'ㅡ'을 더하여, 그 부분을 밑, '근본'이라는 뜻을 지니도록 만든 글자

용례
本來(본래) 本色(본색) 根本(근본) 原本(원본)

훈	근본 자신 책	음	본	부수	木
필순	一十才木本			총획	5

도움말
하늘 높이 새가 날고 있는 모습. 새가 하늘 높이 날아올라 내려오지 않는다는 데서 '부정'의 뜻을 지닌다.

용례
不能(불능) 不法(불법) 不幸(불행) 不明(불명)

훈	아니(아니다)	음	불	부수	一
필순	一ナ不不			총획	4

도움말
'八'(나눌 팔)과 '刀'(칼 도)를 더한 글자로, 칼로 쪼개어 나눈다는 뜻을 지닌다.

용례
分解(분해) 分類(분류) 分配(분배) 部分(부분)

훈	나눌 구별할 신분	음	분	부수	刀
필순	丿八分分			총획	4

도움말
깃발을 단 깃대를 손으로 세우고 있는 모양을 본뜬 글자로, '일'의 뜻을 지닌다.

용례
事件(사건) 事實(사실) 記事(기사) 婚事(혼사)

훈	일 섬길	음	사	부수	亅
필순	一亓亓亖事			총획	8

2. 언어의 세계

선정 한자 익히기

훈	말씀	음	어	부수	言
필순	丶亠言言語語			총획	14

도움말
'言'(말씀 언)과 '吾'(나 오)가 더해진 글자로, 나의 의견을 말한다는 데서 서로 '말하다'라는 뜻을 지닌다.

용례
語句(어구) 語原(어원) 言語(언어)
主語(주어)

훈	있을 가질 또	음	유	부수	月
필순	ノナオ冇有有			총획	6

도움말
'又'(-모양 변형, 또 우)에 '月'(고기 육)을 더한 글자로, 손에 고기를 들고 있다 하여 '가지다'의 뜻을 지닌다.

용례
有能(유능) 有益(유익) 所有(소유)
有利(유리)

훈	글자 사랑할 기를	음	자	부수	子
필순	丶宀宁字字			총획	6

도움말
'宀'(집 면)과 '子'(아들 자)가 더해진 글자로, 집에서 아이를 낳는 것처럼 글자들이 결합해 '문자'를 만든다는 뜻을 지닌다.

용례
字句(자구) 文字(문자)
千字文(천자문)

훈	긴(길다) 오랠 어른	음	장	부수	長
필순	一 F F 툐 툐 長			총획	8

도움말
머리와 수염이 길고 허리가 구부정한 노인이 지팡이를 짚은 모양을 하여 '길다'의 뜻을 지닌다.

용례
長身(장신) 長短(장단) 長男(장남)
身長(신장)

훈	온전할 모두	음	전	부수	入
필순	ノ入人全全全			총획	6

도움말
'入'(들 입)과 '王'(王=玉 구슬 옥)이 더해진 글자로, 모아 놓은 구슬 중에 흠이 없는 것만 골라낸다하여 '온전하다'의 뜻을 지닌다.

용례
全國(전국) 全力(전력) 全部(전부)
不完全(불완전)

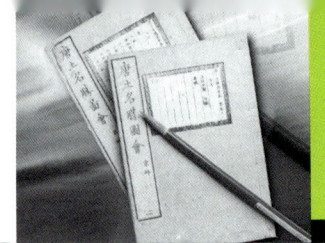

도움말

'臼'(절구 구), '爻'(본받을 효), '冖'(덮을 멱), '子'(아들 자)가 더해진 글자로 사리에 어두운 아이가 집안에서 책을 잡고 좋은 본을 받아, '배운다'는 뜻을 지닌다.

용례

學校(학교) 學年(학년) 學問(학문) 大學(대학)

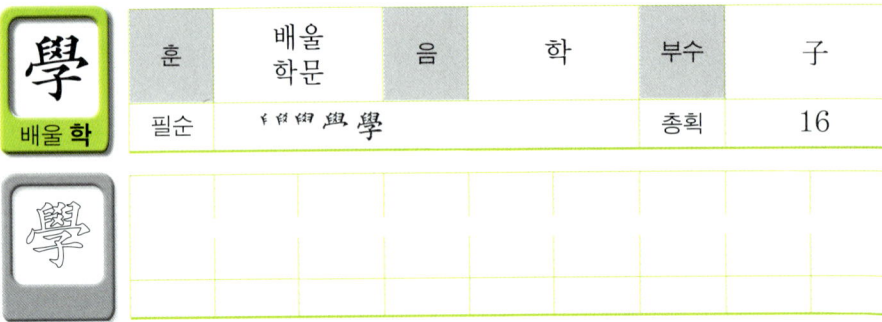

훈	배울 학문	음	학	부수	子
필순				총획	16

3 쉬어가는 페이지

한자는 글자마다 고유의 뜻이 있다.

　한자는 글자마다 고유의 뜻이 있어서 그 뜻을 이해하면 단어를 만들기가 쉬워진다. 예를들면 海(해)도 바다요, 洋(양)도 바다라고 풀이하니 어떻게 다른지 궁금하리라 생각된다. 海는 水와 每가 합해진 글자이니 강물이 모이는 곳도 뜻하고, 늘 볼 수 있는 곳이니 가까운 바다를 뜻한다. 洋은 水와 羊이 합해져서 크고, 먼 바다를 뜻한다. 이제 近海(근해)와 遠洋(원양)이라는 낱말이 만들어진 의미를 알 수 있겠죠?

교과서 한자어 자세히 알기

www.hanja114.org

감상 感想
- **훈음**: 느낄 **감**, 생각 **상**
- **풀이**: 마음에 느끼어 일어나는 생각
- **쓰임**: 이 글을 읽고 感想을 말해 보자.

기사 記事
- **훈음**: 기록할 **기**, 일 **사**
- **풀이**: 신문이나 잡지 등에서 어떠한 일을 알리는 글
- **쓰임**: 우리 반 신문에 어떤 記事를 실으면 좋을지 친구들과 의논해 봅시다.

대조 對照
- **훈음**: 대답할 **대**, 비출 **조**
- **풀이**: 둘 이상인 대상의 내용을 맞대어 같고 다름을 검토함. 서로 달라서 대비가 됨.
- **쓰임**: 정보를 전달하는 글에는 대상의 공통점이나 차이점에 대한 정보를 비교·對照의 방법으로 내용을 조직하는 경우가 있습니다.

문단 文段
- **훈음**: 글월 **문**, 층계, 조각 **단**
- **풀이**: 여러 문장을 하나로 묶은 글의 단위
- **쓰임**: 글을 쓸 때 몇 개의 文段으로 나누어 쓰는 이유는, 하나의 생각을 매듭지어 다른 생각과 구별함으로써 글 전체의 짜임새를 분명히 밝히기 위해서입니다.

상상 想像
- **훈음**: 생각 **상**, 형상, 모양 **상**
- **풀이**: 머릿속으로 그려서 생각함
- **쓰임**: 이야기를 듣고 뒤에 이어질 내용을 想像하여 써 봅시다.

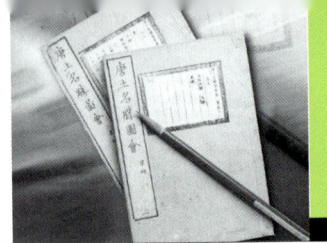

소재 素材
- **훈음**: 흴, 본디 **소**, 재목 **재**
- **풀이**: 어떤 것을 만드는 데 바탕이 되는 재료
- **쓰임**: '기삿거리'는 기사로 쓸 만한 素材를 말합니다.

속담 俗談
- **훈음**: 풍속 **속**, 말씀 **담**
- **풀이**: 옛날부터 민간에 전해 내려오면서 교훈이나 풍자적인 내용을 표현한 짧은 말
- **쓰임**: '바늘 가는 데 실 간다.'는 俗談은 '서로 떨어지지 않고 항상 같이 다닐 정도로 사이가 좋다.'는 뜻이다.

시 詩
- **훈음**: 시 **시**
- **풀이**: 문학의 한 갈래로 자신의 느낌이나 생각을 운율이 느껴지는 말로 나타낸 글
- **쓰임**: 좋은 詩는 큰 감동을 준다.

연상 聯想
- **훈음**: 이을 **련**, 생각 **상**
- **풀이**: 어떤 사물을 보거나 듣거나 생각하거나 할 때, 그와 관련 있는 다른 사물이 머리에 떠오르는 일
- **쓰임**: 별을 보고 聯想되는 것을 적어보면 사람마다 다르다.

자료 資料
- **훈음**: 재물 **자**, 헤아릴 **료**
- **풀이**: 무엇을 하기 위한 재료
- **쓰임**: 우리는 필요한 정보가 있을 때, 책이나 인터넷 등 여러 가지 資料를 통하여 정보를 찾는다.

교과서 한자어 자세히 알기

주제 主題
- **훈음**: 주인 **주**, 제목 **제**
- **풀이**: 글쓴 이가 읽는 이에게 말하고자 하는 중심 생각
- **쓰임**: 시의 主題는 그대로 드러나 있는 경우도 있지만 꼼꼼하게 읽어야 알 수 있는 경우도 많습니다.

토론 討論
- **훈음**: 칠 **토**, 의논할 **론**
- **풀이**: 어떤 문제에 대하여 찬성하거나 반대하는 의견을 내어 상대편이 내 의견에 동의하도록 하는 말하기
- **쓰임**: 討論의 참가자에는 토론자와 사회자가 있습니다.

편지 便紙
- **훈음**: 편할 **편**, 종이 **지**
- **풀이**: 상대편에게 전하고 싶은 일 등을 적어 보내는 글
- **쓰임**: 질서를 잘 지키는 친구에게 칭찬의 便紙를 씁니다.

화제 話題
- **훈음**: 말씀 **화**, 제목 **제**
- **풀이**: 이야깃거리
- **쓰임**: 말하는 사람과 듣는 사람 모두 관심을 가질 수 있는 話題를 정하여 이야기합니다.

한자자격시험 준5급

고사성어

기울어질 경 · 나라 국 · 갈, 어조사 지 · 빛 색

 경국지색

임금을 혹하게 하여 나라를 기울어지게 할 만큼의 뛰어난 미인

'경국(傾國)'이란 말은 '나라를 기울여 위태롭게 한다.'는 의미였으나 이연년의 이야기에서부터 미인이란 말과 쓰이면서 '경국지색(傾國之色)'과 함께 나라를 뒤집을 만한 미인, 나라 안의 절세미인을 뜻하게 되었습니다.

《한서(漢書)》〈외척전(外戚傳)〉에 의하면 한무제(漢武帝)를 모시던 사람 중에 음악을 맡아 관장하던 이연년(李延年)이라는 사람이 있었습니다. 그는 음악적 재능이 있어 노래는 물론이고 편곡이나 작곡에도 뛰어났으며, 아울러 춤에도 탁월하여 무제의 총애를 듬뿍 받았습니다.

하루는 한무제(漢武帝) 앞에서 춤을 추며 이런 노래(詩)를 불렀습니다.

北方有佳人(북방유가인)	북쪽에 어여쁜 사람이 있어
絶世而獨立(절세이독립)	세상에서 떨어져 홀로 서 있네.
一顧傾人城(일고경인성)	한 번 돌아보면 성을 위태롭게 하고
再顧傾人國(재고경인국)	두 번 돌아보면 나라를 위태롭게 한다.
寧不知傾城與傾國(영부지경성여경국)	어찌 성이 기울어지고 나라가 위태로워지는 것을 모르리오만
佳人難再得(가인난재득)	어여쁜 사람은 다시 얻기 어렵도다

한 무제는 이 노래 소리를 듣고, 과연 그런 여인이 있는지 물으니, 곁에 앉아 있던 사람이 이연년의 누이동생이 바로 그러한 미인이라며 귓속말로 가르쳐 주었습니다. 무제는 이때 이미 오십 고개를 넘어 있었고, 사랑하는 여인도 없이 쓸쓸한 처지였으므로 당장 그녀를 불러들이게 하였습니다. 무제는 그녀의 아름다운 자태와 날아갈 듯이 춤추는 솜씨에 매혹되었는데, 이 여인이 무제의 만년에 총애를 독차지하였던 이부인(李夫人)이었습니다. 후에 그녀가 병들었을 때 무제가 문병을 와서 얼굴 보기를 청하였으나, 이부인은 초췌한 모습을 보이기 싫다고 끝내 얼굴을 들지 않았다고 합니다.

오늘날에도 텔레비전을 통해 미인대회의 현장이 생생하게 방송되는 것을 보면 '경국지색(傾國之色)'의 말뜻을 절감하게 됩니다. 그러나 아름다운 외모 뿐 아니라 성숙한 내면을 갖춘 사람이야말로 진정한 미인이라 할 수 있을 것입니다.

고사성어와 한자성어

 일자천금

글자 한 자에 천금이라는 뜻으로, 매우 빼어난 글자나 시문을 비유한 말

춘추 전국 시대 말기에 진나라에 여불위(呂不韋)라는 유명한 장사꾼이 있었습니다. 여불위가 조나라에서 장사를 할 때, 인질로 잡혀있던 진나라의 자초(子楚)를 지원해 주었고, 후에 자초가 진나라로 돌아갈 때 자신의 애첩 조희를 주어 아내로 삼게 하였습니다. 자초가 왕위에 오른 후 얼마 되지 않아 죽게 되어 13세인 그의 아들 정(政)이 왕(진시황)이 되었는데 왕이 어렸으므로, 진나라의 정치는 거의 여불위에 의해 이루어지고 있었습니다.

당시 제(齊)나라 맹상군(孟嘗君)과 조(趙)나라 평원군(平原君)은 각 수천 명, 초(楚)나라 춘신군(春申君)과 위(魏)나라 신릉군(信陵君)은 각 3000여 명의 식객(食客:세력이 있는 사람의 집에서 손님이 되어 지내는 사람)을 거느리며 저마다 유능한 식객이 많음을 자랑하였습니다. 한편 당시 최강국 진(秦)나라의 상국(相國:재상)이 된 여불위(呂不韋:?~B.C.235) 역시 막대한 개인 재산을 풀어 3000여 명의 식객을 모아들였고, 그들의 지혜를 바탕으로 하여 정권을 굳혀갔습니다.

이 무렵, 각국에서는 많은 책을 펴내고 있었는데, 특히 순자(荀子)가 저서를 내어 자신의 학설을 자랑하자, 여불위는 당장 식객들을 시켜 26권 20만 단어가 넘는 대작(大作)을 만들었습니다. 이 책은 천지만물(天地萬物), 고금(古今)의 일이 모두 적혀 있는 오늘날의 백과사전과 같은 것으로, 후에 여불위는 이 책을 진나라를 통일하는 경전으로 삼았다고 합니다.

'이런 책은 나말고 누가 감히 만들 수 있단 말인가!'

책을 만들고 나서 의기양양해진 여불위는 이 책을 자기가 편찬한 양《여씨춘추(呂氏春秋)》라 이름을 지었습니다. 그리고 이《여씨춘추》를 진나라의 도읍인 함양(咸陽)의 성문 앞에 진열시킨 다음 그 위에 천금을 매달아 놓고 방문(榜文)을 써 붙였습니다.

"누구든지 이 책에서 한 자라도 덧붙이거나 뺄 수 있는 사람에게는 천금을 주리라."

당시에 상금을 받아갔다는 기록이 없는 것으로 보아, 이 일은 절대 권력자의 자기과시 또는 유능한 인재의 확보를 위해 벌인 것으로 보입니다.《사기(史記)》〈여불위전(呂不韋傳)〉에서 유래한 '일자천금(一字千金)'은 문장의 가치를 평가할 때 한 글자도 첨가하거나 삭제할 필요도 없을 만큼 잘 된 문장을 뜻하는데, 오늘날에는 '아주 훌륭한 글'이라는 뜻으로만 쓰인답니다.

알아두면 유익한 한자성어

다사다난
여러 가지로 일도 많고 어려움도 많음

대대손손
대대로 이어 내려오는 자손

동문서답
(동쪽을 묻는데 서쪽을 대답한다는 뜻으로) 묻는 말에 대하여 아주 딴판인 엉뚱한 대답을 하는 경우

불문가지
묻지 않아도 알 수 있는 확실한 사실

고사성어와 한자성어

사사건건
事(일 사) 事(일 사) 件(사건 건) 件(사건 건)

'모든 일' 이나 '온갖 사건'

유구무언
有(있을 유) 口(입 구) 無(없을 무) 言(말씀 언)

(입은 있으나 할 말이 없다는 뜻으로) 변명할 말이 없음

유언비어
流(흐를 류) 言(말씀 언) 蜚(날 비) 語(말씀 어)

아무 근거 없이 널리 퍼진 소문. 터무니없이 떠도는 말. 뜬소문

일장일단
一(한 일) 長(좋을 장) 一(한 일) 短(허물 단)

장점도 있고 단점도 있음

2-3. 알아두면 유익한 한자성어

단원 마무리 연습문제

♣ 다음 ( ) 안에 공통으로 들어갈 한자를 〈보기〉에서 골라 쓰세요. (1~9)

보기
| 答 | 學 | 本 | 長 | 國 |
| 事 | 不 | 語 | 分 | |

1. ( )家, ( )民
2. ( )母, ( )子
3. ( )文, 入( )
4. 農( ), 食( )
5. ( )男, ( )子
6. ( )土, ( )家
7. 問( ), 對( )
8. 口( ), 國( )
9. ( )平, ( )老

♣ 다음 뜻에 해당하는 단어를 〈보기〉에서 골라 한자로 조합하여 쓰세요. (10~15)

보기
國	事	問	本	末
不	全	學	長	答
語	完			

10. 나라의 말입니다. 미국의 나라말은 영어이지요.
    (   )

11. 묻고 답함
    (   )

12. 일의 처음과 끝
    (   )

13. 나라의 중대한 일. 나라 전체에 관련되는 일
    (   )

14. (몸의 기능이나 발육 등이) 온전하지 않음. 불완전함
    (   )

15. 대학의 책임자
    (   )

♣ 다음 ( ) 안에 들어갈 적합한 한자어를 바르게 쓴 것을 고르세요. (16~23)

16. 이 글을 읽고 (   )을 말해 보자.
    ① 感想 ② 感賞 ③ 感傷 ④ 感相

17. 우리 반 신문에 어떤 (   )를 실으면 좋을지 친구들과 의논해 봅시다.
    ① 記寫 ② 記事 ③ 機事 ④ 믄事

18. 글을 쓸 때 몇 개의 (   )으로 나누어 쓰는 이유는 하나의 생각을 매듭지어 다른 생각과 구별함으로써 글 전체의 짜임새를 분명히 밝히기 위해서입니다.
    ① 文壇 ② 文單 ③ 文段 ④ 文短

19. 별을 보고 (   )되는 것을 적어 보면 사람마다 다르다.
    ① 年上 ② 年狀 ③ 燕商 ④ 聯想

20. 우리는 필요한 정보가 있을 때 책이나 인터넷 등 여러 가지 ( )를 통하여 정보를 찾는다.
① 資料 ② 紫蔘 ③ 自了 ④ 者料

21. 시의 ( )는 그대로 드러나 있는 경우도 있지만 꼼꼼하게 읽어야 알 수 있는 경우도 많습니다.
① 主劑 ② 主題 ③ 主祭 ④ 誅除

22. 말하는 사람과 듣는 사람 모두 관심을 가질 수 있는 ( )를 정하여 이야기합니다.
① 和劑 ② 花製 ③ 話題 ④ 華制

23. ( )의 참가자에는 토론자와 사회자가 있습니다.
① 土論 ② 吐論 ③ 兎論 ④ 討論

♣ 다음 지시에 적합한 답을 〈보기〉에서 골라 써 보세요. (24~30)

보기
語　記　有　字
答　像　紙

24. 氣와 음이 같은 한자를 쓰세요.
(　　　)

25. 問과 반대되는 의미를 갖는 한자를 쓰세요.
(　　　)

26. 言과 비슷한 뜻을 갖는 한자를 쓰세요.
(　　　)

27. 無와 반대되는 뜻을 가진 한자를 쓰세요.
(　　　)

28. 自와 음이 같은 한자를 쓰세요.
(　　　)

29. 想과 음이 같은 한자를 쓰세요.
(　　　)

30. 붓이나 연필로 글씨를 쓸 수 있는 도구를 가리키는 것을 쓰세요.
(　　　)

정답

1. 國　2. 分　3. 學　4. 事　5. 長　6. 本　7. 答　8. 語
9. 不　10. 國語　11. 問答　12. 本末　13. 國事　14. 不完全　15. 學長　16. ①
17. ②　18. ③　19. ④　20. ①　21. ②　22. ③　23. ④　24. 記
25. 答　26. 語　27. 有　28. 字　29. 像　30. 紙

3 사회, 정치, 경제

3-1. 선정 한자 익히기
3-2. 교과서 한자어 자세히 알기
3-3. 알아두면 유익한 한자성어
3-4. 단원 마무리 연습문제

| 학습의 주안점 |
이 단원에서는 사회, 정치, 경제와 관련 있는 한자들을 읽고 쓰며,
그 뜻을 정확히 알도록 노력합시다.

www.hanja114.org

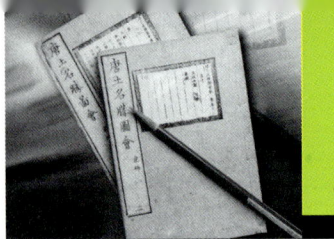

새로 익힐 선정 한자

家	집	가	里	마을	리
間	사이	간	世	세상	세
敎	가르칠	교	室	집	실
校	학교	교	安	편안할	안
大	큰	대	位	자리	위
洞	골	동	育	기를	육
來	올	래	邑	고을	읍
老	늙을	로	休	쉴	휴

교과서에 나오는 한자어

경제	經濟	유통	流通
공공	公共	예금	預金
농촌	農村	은행	銀行
도시	都市	지출	支出
박람회	博覽會	투표	投票
선택	選擇	판매	販賣
소득	所得		

선정 한자 익히기

훈	집 전문가	음	가	부수	宀
필순	宀宁宇家家			총획	10

도움말
'宀'(집 면)과 '豕'(돼지 시)가 더해진 글자로, 원래는 돼지의 집이란 뜻이나 돼지는 새끼를 많이 낳는다 하여, 식구가 많이 모여 사는 '집'을 뜻한다.

용례
家庭(가정) 家門(가문) 生家(생가) 人家(인가)

훈	사이 때 동안	음	간	부수	門
필순	丨冂門門間間			총획	12

도움말
'門'(문 문)과 '日'(날 일)이 더해진 글자로, 문틈으로 달빛이 스며든다는 데서 '사이'라는 뜻을 지닌다.

용례
時間(시간) 間食(간식) 年間(연간) 眉間(미간)

훈	가르칠 종교	음	교	부수	攴(攵)
필순	乂爻芁孝教教			총획	11

도움말
'爻'(인도할 교)와 '攵'(칠 복)을 더한 글자로, 어린아이를 가르치기 위하여 매를 든다 하여 '가르친다'는 뜻을 지닌다.

용례
敎師(교사) 敎育(교육)
敎科書(교과서) 下敎(하교)

훈	학교 교정볼 장교	음	교	부수	木
필순	一木木杧柿校			총획	10

도움말
'木'(나무 목)과 '交'(사귈 교)를 더한 글자로, 굽은 나무를 바로잡듯이 학생들이 서로 사귀며 바르게 배우도록 가르치는 곳이라 하여 '학교'라는 뜻을 지닌다.

용례
校歌(교가) 校長(교장) 母校(모교) 登校(등교)

훈	큰(크다) 대강	음	대	부수	大
필순	一ナ大			총획	3

도움말
사람이 양팔을 크게 벌리고 있는 모양을 본뜬 글자로 '크다'의 뜻을 지닌다.

용례
大路(대로) 大漁(대어) 大雪(대설) 大地(대지)

3-1. 선정 한자 익히기

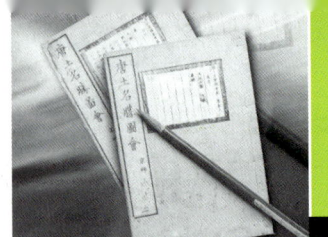

洞
골 동

훈	① 골, 고을 ② 뚫을	음	① 동 ② 통	부수	水(氵)
필순	丶氵汀汩洞			총획	9

도움말
'氵'(물 수)와 '同'(한가지 동)이 더해진 글자로, 물이 침식하여 만든 동굴의 뜻으로 나아가 '관통한 길', '마을'의 뜻을 지닌다.

용례
洞口(동구) 洞長(동장) 洞窟(동굴)
洞察(통찰)

來
올 래

훈	올(오다) 앞으로	음	래	부수	人
필순	一厂厂厂厂水來來			총획	8

도움말
보리 이삭이 달려 있는 모습을 본뜬 글자

용례
來年(내년) 未來(미래) 去來(거래)
往來(왕래)

老
늙을 로

훈	늙을 익숙할 어른	음	로	부수	老
필순	一十土耂耂老			총획	6

도움말
머리가 길고 허리가 굽은 노인이 지팡이를 짚고 서 있는 모양으로 '늙다'의 뜻을 지닌다.

용례
老人(노인) 老年(노년)
男女老少(남녀노소)

里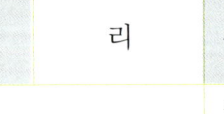
마을 리

훈	마을	음	리	부수	里
필순	丨口日甲里里			총획	7

도움말
'田'(밭 전)에 '土'(흙 토)를 더한 글자로, 밭이 있고 토지가 있어서 사람이 살 수 있는 곳이라 하여 '마을'의 뜻을 지닌다.

용례
里長(이장) 三千里(삼천리)
萬里長城(만리장성)

世
세상 세

훈	세상	음	세	부수	一
필순	一十卄世世			총획	5

도움말
'十'(열십)을 셋 합친 글자로, '30년', '한 세대'를 뜻한다.

용례
世代(세대) 世界(세계) 世上(세상)
現世(현세)

3. 사회, 정치, 경제

선정 한자 익히기

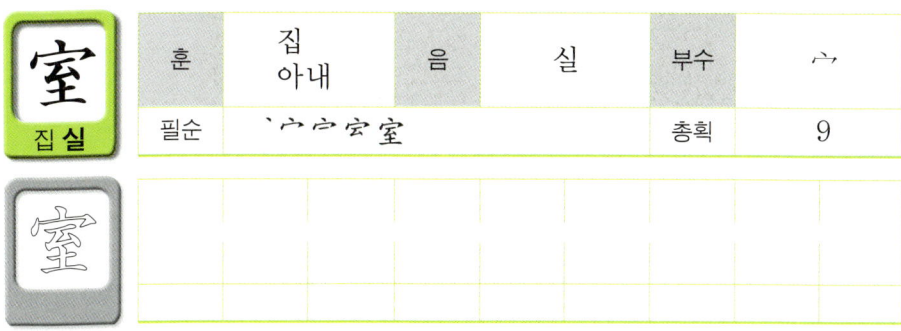

훈	집 아내	음	실	부수	宀
필순	宀宁宏室			총획	9

도움말
'宀'(집 면)과 '至'(이를 지)가 더해진 글자로, 사람이 머무르는 곳, 즉 '집'이나 '방'의 뜻을 지닌다.

용례
室內(실내) 室外(실외) 敎室(교실) 溫室(온실)

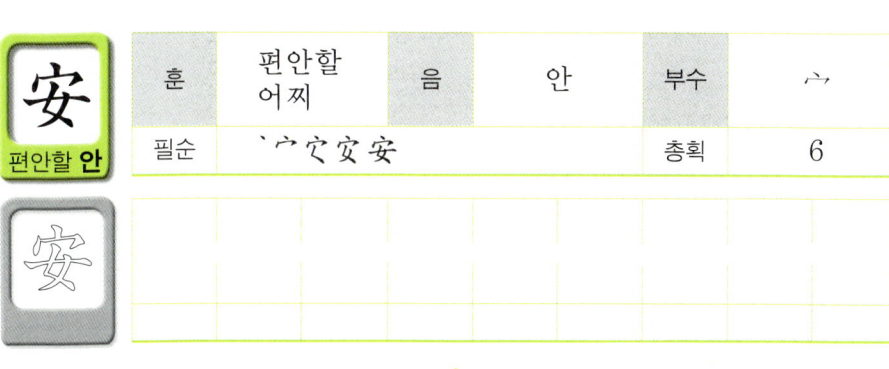

훈	편안할 어찌	음	안	부수	宀
필순	宀宁安安			총획	6

도움말
'宀'(집 면)과 '女'(여자 녀)를 더한 글자로, 집안에 여자가 있어야 편안하다 하여 '편안하다' 는 뜻을 지닌다.

용례
安全(안전) 安心(안심) 不安(불안) 問安(문안)

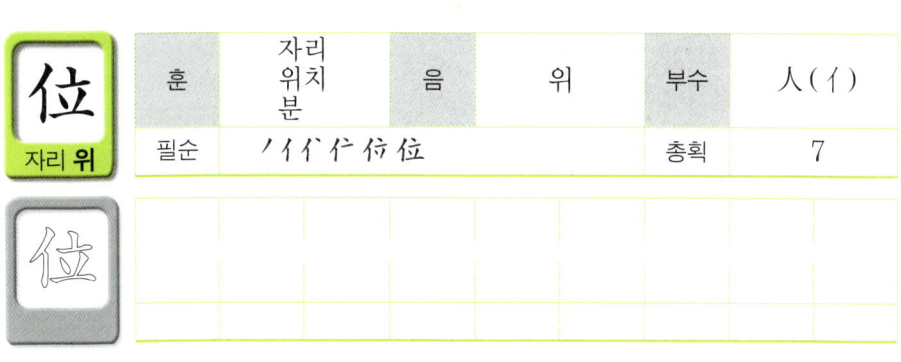

훈	자리 위치 분	음	위	부수	人(亻)
필순	亻亻伫位位			총획	7

도움말
'人'(사람 인)과 '立'(설 립)을 더한 글자로, 옛날 조정에서 품계에 따라 임금 앞에 줄서던 '자리'를 뜻한다.

용례
位置(위치) 方位(방위) 王位(왕위) 地位(지위)

훈	기를	음	육	부수	肉(月)
필순	亠云产育育			총획	8

도움말
'云'(불쑥 나타날 돌 – 아들 자(子)를 거꾸로 한 글자)와 '月'(몸 육)을 더한 글자로, 아기가 어머니의 배속에서 나오는 모양으로 '낳다, 기르다'의 뜻을 지닌다.

용례
育成(육성) 育兒(육아) 敎育(교육) 體育(체육)

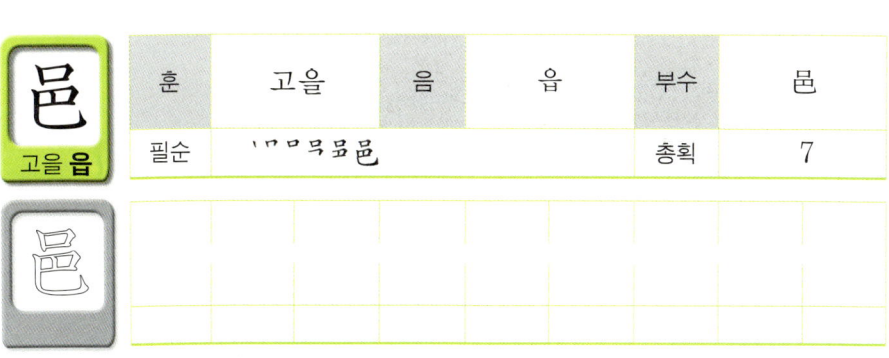

훈	고을	음	읍	부수	邑
필순	口甲另呂邑			총획	7

도움말
'囗'(둘러쌀 위)와 '巴'(병부 절)을 더한 글자로, 어떤 경계안에 사람들이 살고 있도록 하고 다스리는 구역을 '읍'이라 한다는 뜻에서 '고을'이라는 뜻을 지닌다.

용례
邑內(읍내) 邑長(읍장)

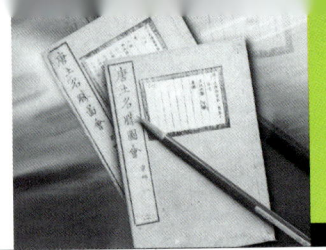

도움말

'人'(사람 인)과 '木'(나무 목)을 더한 글자로, 사람이 나무 그늘에서 쉬고 있는 모양에서 '쉬다'의 뜻을 지닌다.

용례

休校(휴교) 休息(휴식) 休日(휴일) 休學(휴학)

쉴 휴

훈	쉴(쉬다) 좋을	음	휴	부수	人(亻)
필순	ノ亻仁什休休			총획	6

4 쉬어가는 페이지

車의 읽는 방법은?

車는 사람의 힘이 아닌 동력의 힘으로 움직일 때는 '차'로 읽고, 그렇지 않을 때는 '거'로 읽는다. 自動車(자동차), 馬車(마차), 滑車(활차) 등은 '차'로 읽고 人力車(인력거), 自轉車(자전거) 등은 사람의 힘으로 움직여지니 '거'로 읽는다.

5 쉬어가는 페이지

百姓(백성)의 의미는?

百姓(백성)이 과거에는 국민을 뜻하는 글자였다. 무슨 이유였을까? 姓이란 모계사회에서 여성 중심으로 붙여진 것이기에 百이나 되는 姓이라는 뜻이므로 수많은 사람, 곧 그 나라의 국민을 의미했던 것이다.

교과서 한자어 자세히 알기

경제 經濟
- **훈음**: 지날 **경**, 건널 **제**
- **풀이**: 인간이 공동 생활을 하는 데 필요한 재화를 획득·이용하는 활동 및 이를 통하여 이루어지는 사회관계
- **쓰임**: 우리 나라는 개인의 재산을 인정하고 자유로운 經濟 활동을 보장한다.

공공 公共
- **훈음**: 공변될 **공**, 함께 **공**
- **풀이**: 사회 일반이나 사회의 여러 사람에 관계되는 것
- **쓰임**: 公共 장소는 우리 모두를 위하여 마련된 곳입니다.

농촌 農村
- **훈음**: 농사 **농**, 마을 **촌**
- **풀이**: 농업으로 생업을 삼는 주민이 대부분인 마을
- **쓰임**: 農村에는 지역마다 특산물이 있는데 전북 순창은 고추가 유명하다.

도시 都市
- **훈음**: 도읍 **도**, 저자 **시**
- **풀이**: 인구가 많고, 번화한 지역
- **쓰임**: 都市 지역은 인구 밀도가 높습니다.

박람회 博覽會
- **훈음**: 넓을 **박**, 볼 **람**, 모일 **회**
- **풀이**: 산업이나 기술 따위의 발전을 위하여 농업·공업·상업 등에 관한 물품을 모아, 일정한 기간 여러 사람들에게 보이는 모임
- **쓰임**: 산업 博覽會에서는 여러 가지 신기술을 소개한다.

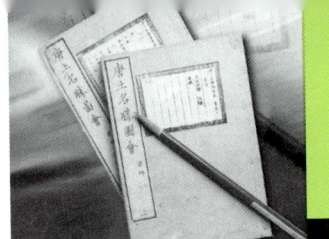

한자자격시험준5급

선택 選擇
- **훈음**: 가릴 **선**, 가릴 **택**
- **풀이**: 둘 이상의 것에서 마음에 드는 것을 골라 뽑음
- **쓰임**: 물건을 살 때에는 소비자의 현명한 選擇이 중요하다.

소득 所得
- **훈음**: 바 **소**, 얻을 **득**
- **풀이**: 어떤 일의 결과로 얻는 것. 이익
- **쓰임**: 유미네 가족은 사과를 생산하여 내다 파는 일로 所得을 얻는다.

유통 流通
- **훈음**: 흐를 **류**, 통할 **통**
- **풀이**: 어떤 상품이 생산자로부터 소비자에게 전해지는 과정
- **쓰임**: 농·수산물 가격은 流通 단계에 따라 달라질 수 있다.

예금 預金
- **훈음**: 미리, 맡길 **예**, 쇠 **금**
- **풀이**: 은행 등의 금융 기관에 돈을 맡김
- **쓰임**: 사람들은 은행에 보통 預金을 하고 돈이 필요할 때 언제든지 찾아 쓴다.

은행 銀行
- **훈음**: 은 **은**, 다닐 **행**
- **풀이**: 일반인의 예금을 맡고 다른 데 빌려주거나, 유가 증권을 발행·관리하는 일 등을 하는 금융기관
- **쓰임**: 집을 살 때 돈이 부족하면 집 값의 일부를 銀行에서 돈을 빌려서 사기도 한다.

www.hanja114.org

교과서 한자어 자세히 알기

지출 支出
- 훈음: 지탱할 **지**, 날 **출**
- 풀이: 어떤 목적을 위하여 돈이나 물건을 치러 줌
- 쓰임: 가정의 살림을 짜임새 있게 하는 데에는 현명한 支出이 중요하다.

투표 投票
- 훈음: 던질 **투**, 표 **표**
- 풀이: 선거 또는 어떤 일을 결정할 때 정해진 용지에 자기가 뽑고 싶은 사람의 이름이나 찬반의 의견 따위를 기입하여 지정된 곳에 넣음
- 쓰임: 국민들은 선거에서 投票를 통해 정치에 참여한다.

판매 販賣
- 훈음: 팔 **판**, 팔 **매**
- 풀이: 상품을 팖.
- 쓰임: 동대문 시장은 옷을 도매로 販賣하는 대표적인 시장이다.

6 쉬어가는 페이지

'辶'의 어원는?

'辶'는 흔히 책받침이라고 불리우나 원래의 형태는 '辵'이며, 그 뜻은 쉬엄쉬엄간다는 '착' 이라는 글자이다. 그러므로 '辶'과 합해진 글자는 '간다' 는 의미가 포함되어 있다. 進(진)은 나아간다는 뜻이고, 運(운)은 군사들이나 물건을 움직여 간다는 뜻이다. 따라서 앞으로는 '辶' 은 책받침보다는 쉬엄쉬엄간다는 '착' 으로 암기하면 한자의 뜻을 더욱 이해하기가 쉽다.

고사성어

말 권 / 흙 토 / 거듭 중 / 올 래

 권토중래
한번 싸움에 패하였다가 다시 힘을 길러 쳐들어오는 일, 또는 어떤 일에 실패한 뒤 다시 힘을 쌓아 그 일에 재차 착수하는 일

 "○○○ 선수가 6개월 만에 다시 경기장에 섰습니다. 지난 경기에서 당한 부상을 극복하고, 체력 훈련까지 마쳐 현재 최상의 컨디션을 유지하고 있다고 합니다. 작년 최고 명예 선수였던 ○○○ 선수가 이번 경기를 통해 '권토중래(捲土重來)' 할 수 있을 지에 많은 관심이 쏠리고 있습니다."

'권토중래'(捲土重來)란 말은 어떤 일에 실패한 사람이 재기(再起)하는 경우에 쓰이는 말로, 당나라 말기의 시인 두목(杜牧:803~852)의 시〈제오강정(題烏江亭)〉에서 유래한 것입니다.

한나라를 세운 유방(劉邦)과 해하(垓下)에서 펼친 '운명의 한판 승부'에서 패한 항우는 정장(亭長)으로부터 "강동(江東)으로 돌아가 재기하라."는 권유를 받았습니다. 그러나 항우는 "8년 전 강동(항우의 고향)의 8,000여 자제들과 함께 떠난 내가 무슨 면목으로 혼자 살아서 강을 건너 강동의 부형을 대할 것인가?"라며 오강에서 자결하여 파란 만장한 31년의 생애를 마쳤습니다.

후에 당나라 시인 두목은 오강(烏江)에서 1,000년 전의 장수였던 항우를 회고하게 됩니다. 과격한 장수로 엄청난 힘과 위풍당당한 기세를 갖추었던 항우가 오강을 건너 강동으로 돌아가지 않고 스스로 목을 찔러 죽은 일을 생각하고는, 항우가 만약 강동의 부형(父兄)에 대한 부끄러움을 참고 강동으로 돌아갔으면, 그곳에서 많은 준재를 도모하여 반드시 권토중래 할 수 있는 기회가 있었을텐데 그렇게 하지 않고 자결한 것을 애석히 여기며 이 시를 읊었습니다.

勝敗兵家不可期(승패병가불가기)   승패는 병가도 기약할 수 없으니
包羞忍恥是男兒(포수인치시남아)   분함을 참고 욕됨을 견디는 것이 사나이라
江東子弟俊才多(강동자제준재다)   강동의 자제 중에는 준재가 많으니
捲土重來未可知(권토중래미가지)   흙먼지 날리며 돌아오는 날을 알 수 없구나

이 시의 마지막 구절에서 유래한 '권토중래'(捲土重來)는 흙먼지를 일으키며 다시 쳐들어온다는 뜻으로, 어떤 일에 실패한 사람이 재기(再起)하는 경우, 혹은 실패한 사람에게 용기를 주어 재기할 수 있도록 격려하는 경우에 쓰이는 말입니다.

고사성어와 한자성어

老(늙을 로) 馬(말 마) 之(갈, 어조사 지) 智(지혜 지)

 노마지지

(늙은 말의 지혜라는 뜻으로) ① 아무리 하찮은 것일지라도 저마다 장기(長技)나 장점을 지니고 있음 ② 경험을 쌓은 사람이 갖춘 지혜

춘추 시대, 제(齊)나라 환공(桓公) 때의 일입니다. 어느 해 봄, 환공은 명재상 관중(管仲)과 대부 습붕(隰朋)을 데리고 고죽국(孤竹國)을 정벌하러 나섰습니다. 그런데 전쟁이 의외로 길어지는 바람에 그 해 겨울에야 끝이 났습니다. 그래서 할 수 없이 혹한 속에서 지름길을 찾아 귀국하다가 그만 길을 잃어버려 군사들이 이러지도 못하고 저러지도 못하는 상황에 빠져 떨고 있었습니다. 이 때 관중이 이런 때 '늙은 말의 지혜(老馬之智)'가 필요하다고 하며 즉시 늙은 말 한 마리를 풀어 놓았습니다. 이에 군사들이 늙은 말의 뒤를 따라가자 얼마 안 되어 큰길이 나타났답니다.

또 한번은 산길을 행군하다가 식수가 떨어져 군사들이 갈증에 시달리자 이번에는 습붕이 다음과 같이 말했습니다.

"개미란 원래 여름엔 산 북쪽에 집을 짓지만 겨울엔 산 남쪽 양지 바른 곳에 집을 짓고 산다. 흙이 한 치(一寸)쯤 쌓인 개미집이 있으면 그 땅 속 일곱 자쯤 되는 곳에는 반드시 물이 있는 법이다."

이 말을 듣고 군사들이 산을 뒤져 개미집을 찾은 다음 그곳을 파 내려가자 과연 샘물이 솟아나 위기를 벗어날 수 있었습니다.

이 이야기에 이어 한비자(韓非子)는 그의 저서 《한비자》에서 이렇게 쓰고 있습니다.

"관중과 습붕처럼 지혜로운 사람도 모르는 것은 늙은 말과 개미를 스승으로 삼아 배웠다. 그러나 그것을 수치로 여기지는 않았다. 그런데 오늘날 사람들은 자신이 어리석음에도 성현의 지혜를 스승으로 삼아 배우려 하지 않는다. 이것은 잘못된 일이 아닌가."

'노마지지(老馬之智)'란 여기서 나온 말로 아무리 하찮은 것일지라도 저마다의 장기나 장점을 지니고 있음을 뜻하며, 오늘날에는 '경험을 쌓은 사람이 갖춘 지혜'란 뜻으로 사용되고 있습니다.

한 자 자 격 시 험 준 5 급

알아두면 유익한 한자성어

집 가 / 집 가 / 집 호 / 집 호

 가가호호
① 집집. 한 집 한 집
② 집집마다

사이 간 / 어조사 어 / 제나라 제 / 초나라 초

 간어제초
(등나라가 강대국인 제나라와 초나라 사이에 끼여 괴로움을 받았다는 데서 유래한 말로) 약한 이가 강한 이들 틈에 끼여 괴로움을 받는 일을 이르는 말

공평할 공 / 밝을 명 / 바를 정 / 큰 대

 공명정대
마음이 공명하며, 조금도 사사로움이 없이 바름

가르칠 교 / 배울 학 / 서로 상 / 자랄 장

 교학상장
가르치고 배우면서 서로 성장함

고사성어와 한자성어

남녀노소
男(사내 남) 女(여자 녀) 老(늙을 로) 少(젊을 소)

남자와 여자, 늙은이와 젊은이. 곧, 모든 사람

병가상사
兵(군사 병) 家(집 가) 常(항상 상) 事(일 사)

(이기고 지는 일은 전쟁에서 흔히 있는 일이라는 뜻으로) 한 번의 실패에 절망하지 말라는 뜻

소탐대실
小(작을 소) 貪(탐낼 탐) 大(큰 대) 失(잃을 실)

작은 것을 탐내다가 큰 것을 잃음

절세가인
絶(뛰어날 절) 世(세상 세) 佳(아름다울 가) 人(사람 인)

세상에서 뛰어나게 아름다운 사람

단원 마무리 연습문제

♣ 다음 ( ) 안에 공통으로 들어갈 한자를 〈보기〉에서 골라 쓰세요. (1~8)

보기
| 家 | 老 | 來 | 位 | 安 |
| 洞 | 大 | 間 | | |

1. 人( ), 字( )
2. 國( ), 民( )
3. ( )人, ( )國
4. ( )人, ( )母
5. ( )全, 不( )
6. ( )相, 地( )
7. 本( ), ( )日
8. ( )里, ( )口

♣ 다음 뜻에 해당하는 단어를 〈보기〉에서 골라 한자로 조합하여 쓰세요. (9~13)

보기
| 大 | 休 | 洞 | 敎 | 校 |
| 家 | 來 | 室 | 世 | 里 |

9. 학교에서 주로 수업에 쓰는 방
( )

10. 학문이나 전문 분야에 조예가 깊은 사람. 또는 대대로 번창한 집안
( )

11. 학교에서 수업과 업무를 한동안 쉼, 또는 그 일
( )

12. 마을
( )

13. 죽은 뒤에 영혼이 다시 태어나 산다는 미래의 세상
( )

♣ 다음 ( ) 안에 들어갈 적합한 한자어를 바르게 쓴 것을 고르세요. (14~20)

14. 우리 나라는 개인의 재산을 인정하고 자유로운 ( )활동을 보장합니다.
① 經濟   ② 慶濟   ③ 京濟   ④ 景濟

15. ( )장소는 우리 모두를 위하여 마련된 곳입니다.
① 公空   ② 公共   ③ 空空   ④ 工共

16. ( ) 지역은 인구 밀도가 높습니다.
① 圖示   ② 都示   ③ 都市   ④ 度市

17. 물건을 살 때에는 소비자의 현명한 ( )이 중요하다.
① 善擇   ② 先擇   ③ 選澤   ④ 選擇

18. 유미네 가족은 사과를 생산하여 내다 파는 일로 ( )을 얻는다.
① 所得   ② 小得   ③ 素得   ④ 消得

19. 집을 살 때 돈이 부족하면 집 값의 일부를 (   )에서 돈을 빌려서 사기도 한다.
    ① 恩行   ② 銀行   ③ 銀幸   ④ 恩幸

20. 가정의 살림을 짜임새 있게 하는 데에는 현명한 (   )이 중요하다.
    ① 持出   ② 支朮   ③ 支出   ④ 指出

♣ □ 안에 주어진 한자와 유사한 뜻을 가진 한자끼리 짝지어 보세요. (21~23)

21. 里 •   • 室

22. 家 •   • 邑

23. 賣 •   • 販

♣ □ 안에 주어진 한자와 서로 상대되는 뜻을 가진 한자끼리 짝지어 보세요. (24~25)

24. 少 •   • 大

25. 小 •   • 老

♣ 다음 지시에 적합한 답을 〈보기〉에서 골라 써 보세요. (26~30)

보기
育   博   都   票   得

26. '길에서 무엇을 줍다.'를 뜻하는 한자를 쓰세요.
    (   )

27. '모두' 라는 뜻도 담겨 있는 것을 쓰세요.
    (   )

28. '아이를 낳으면 훌륭하게 길러야 하는 것' 을 가리키는 한자를 쓰세요.
    (   )

29. 지식이 많은 사람과 관계 있는 한자를 쓰세요.
    (   )

30. 극장에 들어가거나 기차를 탈 때 필요한 것을 가리키는 한자를 쓰세요.
    (   )

정답

1. 間	2. 家	3. 大	4. 老	5. 安	6. 位	7. 來	8. 洞
9. 敎室	10. 大家	11. 休校	12. 洞里	13. 來世	14. ①	15. ②	16. ③
17. ④	18. ①	19. ②	20. ③	21. 邑	22. 室	23. 販	24. 老
25. 大	26. 得	27. 都	28. 育	29. 博	30. 票		

4 역사, 지리

4-1. 선정 한자 익히기
4-2. 교과서 한자어 자세히 알기
4-3. 알아두면 유익한 한자성어
4-4. 단원 마무리 연습문제

| 학습의 주안점 |
이 단원에서는 역사, 지리와 관련 있는 한자들을 읽고 쓰며,
그 뜻을 정확히 알도록 노력합시다.

www.hanja114.org

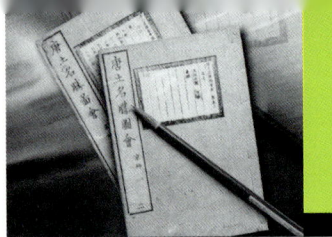

 새로 익힐 선정 한자

車	수레	거	市	저자	시
巾	수건	건	玉	구슬	옥
古	예	고	衣	옷	의
軍	군사	군	祖	할아비	조
民	백성	민	住	살	주
先	먼저	선	平	평평할	평
姓	성씨	성	韓	나라이름	한
時	때	시	漢	한수	한

 **교과서에 나오는 한자어**

국보	國寶	역사	歷史
관광객	觀光客	연표	年表
답사	踏査	지도	地圖
등고선	等高線	축척	縮尺
문화재	文化財	한반도	韓半島
박물관	博物館		

선정 한자 익히기

훈	수레	음	거(차)	부수	車
필순	一 厂 厅 戸 車			총획	7

도움말
외바퀴 수레의 옆 모양을 본떠서 만든 글자로, '수레'라는 뜻을 지닌다.

용례
車馬(거마) 車道(차도) 車庫(차고)
馬車(마차)

훈	수건	음	건	부수	巾
필순	丨 冂 巾			총획	3

도움말
천으로 사람의 몸을 감싸거나 덮은 모양에서 '수건'이라는 뜻을 지닌다.

용례
頭巾(두건) 手巾(수건)
三角巾(삼각건)

훈	예	음	고	부수	口
필순	一 十 古 古 古			총획	5

도움말
'十'(열 십)과 '口'(입 구)가 더해진 글자로, 어떤 사실이 입으로 전하여 십대가 지났다 하여 '옛'이라는 뜻을 지닌다.

용례
古宮(고궁) 古典(고전) 古物(고물)

훈	군사 진칠	음	군	부수	車
필순	冖 冖 冃 冒 冒 軍			총획	9

도움말
'車'(수레 거)와 '冖'(덮을 멱)이 더해진 글자로, 차로 둘러싸고 진영을 치거나 싸우는 군사라 하여 '군사'라는 뜻을 지닌다.

용례
軍人(군인) 軍士(군사) 軍旗(군기)

훈	백성	음	민	부수	氏
필순	𠃍 𠃌 尸 民 民			총획	5

도움말
어머니를 뜻하는 글자와 '一'(한 일)을 더해 만든 글자로, 여인이 낳은 모든 사람을 가리켜 '백성'의 뜻을 지닌다.

용례
民間(민간) 民族(민족) 住民(주민)
民主主義(민주주의)

4-1. 선정 한자 익히기

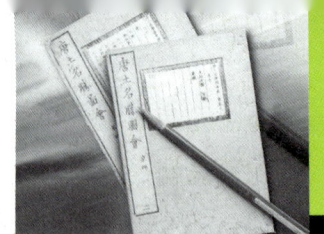

한 자 자 격 시 험 준 5 급

도움말
'之'(갈 지 모양 변형)와 '儿'(어진사람 인)이 더해진 글자로, 남보다 앞서가는 사람이라 하여 '먼저'라는 뜻을 지닌다.

용 례
先頭(선두) 先祖(선조) 先進國(선진국)

훈	먼저 옛	음	선	부수	儿
필순	ノ ㅗ 丄 生 歩 先			총획	6

도움말
'女'(계집 녀)와 '生'(날 생)을 더한 글자로, 여자가 자식을 낳아 한 조상으로부터 태어난 사람을 다른 사람과 구별하기 위하여 쓴 것을 나타낸다.

용 례
姓名(성명) 姓氏(성씨) 百姓(백성) 同姓同本(동성동본)

훈	성씨 백성	음	성	부수	女
필순	ㄑ 女 女 妙 妙 姓 姓			총획	8

도움말
'日'(날 일)과 '寺'(절 사)를 더한 글자로, 옛날에는 절에서 종을 쳐서 하루의 시간을 알려 주었다는 데서 '때'라는 뜻을 지닌다.

용 례
時間(시간) 時代(시대) 日時(일시) 平時(평시)

훈	때	음	시	부수	日
필순	1 日 日' 旷 時 時			총획	10

도움말
'冂'(멀 경)과 '之'(갈 지 모양 변형)가 더해진 글자로, 물건을 사고 파는 먼 장소로 간다는 데서 '저자'라는 뜻을 지닌다.

용 례
市民(시민) 市場(시장) 都市(도시)

훈	저자	음	시	부수	巾
필순	ㆍ 亠 宀 市 市			총획	5

도움말
구슬을 세 개 꿴 모양을 본뜬 글자

용 례
玉色(옥색) 玉石(옥석) 玉童子(옥동자)

훈	구슬 훌륭한	음	옥	부수	玉
필순	一 二 千 玉 玉			총획	5

4. 역사, 지리

선정 한자 익히기

옷 의

훈	옷 옷입을	음	의	부수	衣
필순	一 ナ オ 衣 衣			총획	6

도움말
사람이 옷을 입고 깃을 여민 모습을 본뜬 글자

용례
衣服(의복) 衣裳(의상)
白衣民族(백의민족)

할아비 조

훈	할아비 시초 조상	음	조	부수	示
필순	一 亍 亓 示 初 祖			총획	10

도움말
'示'(땅귀신 기)와 '且'(쌓일 저)를 더한 글자로, 대대로 내려 오면서 쌓이는 것이라 하여 '할아버지, 조상'이라는 뜻을 지닌다.

용례
祖上(조상) 祖國(조국) 先祖(선조)

살 주

훈	살(살다)	음	주	부수	人(亻)
필순	亻 亻 亻 亻 住 住			총획	7

도움말
'人'(사람 인)과 '主'(주인 주)를 더한 글자로, 사람이 한 곳에 머물러 산다 하여, '머물다', '살다'의 뜻을 지닌다.

용례
住民(주민) 住居(주거) 住所(주소)
安住(안주)

평평할 평

훈	평평할 다스릴 쉬울	음	평	부수	干
필순	一 二 二 二 平			총획	5

도움말
'干'(방패 간)과 '八'(나눌 팔)이 더해진 글자로, 솟아오르는 싹이 다시 펴져서 평평하게 깔린다고 하여 '평평하다'는 뜻을 지닌다.

용례
平等(평등) 平凡(평범) 不平(불평)
水平(수평)

나라이름 한

훈	나라이름	음	한	부수	韋
필순	十 古 卓 草 韓 韓			총획	17

도움말
'卓'(해돋을 간)과 '韋'(에울 위)를 더한 글자로, 아침 햇볕을 받아 아름답게 빛나는 '한국'의 뜻을 지닌다.

용례
韓國(한국) 韓服(한복) 韓食(한식)
大韓民國(대한민국)

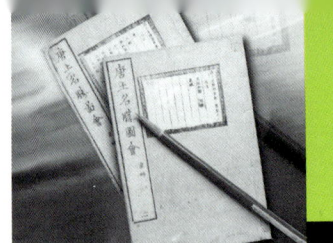

한 자 자 격 시 험 준 5 급

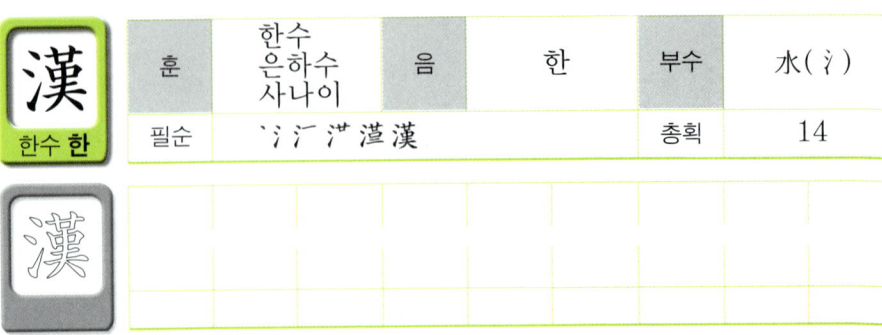

훈	한수 은하수 사나이	음	한	부수	水(氵)
필순	丶氵冫沙潷漢			총획	14

도움말
'氵'(물 수)와 '菫'(진흙 근)을 더한 글자로, 강 이름을 뜻하였으나, 이 지역에 세워진 나라 이름 (중국)을 뜻한다.

용례
漢詩(한시) 漢族(한족) 漢字(한자)
漢文(한문) 惡漢(악한)

7 쉬어가는 페이지

辛(신)의 의미는?

辛(신)은 맵다는 뜻으로 알고 있다. 그러나 원래의 辛의 의미는 노예나 죄인의 얼굴이나 팔에 문신을 새기는데 쓰는 끝이 뾰족한 도구였다. 그 도구로 문신을 하므로 아픈 표현을 맵다, 또는 어렵다는 뜻으로 바꾸어 쓰고 있다. 辛이 들어간 글자는 노예라는 의미도 포함되어 있다.

8 쉬어가는 페이지

한자의 3요소란?

한자는 어떠한 글자이든 형태, 소리, 뜻을 포함하고 있다. 예를 들어 漢(한)이라는 글자는 형태는 漢이고, 소리는 '한'이며, 뜻은 '한수'인 셈이다. 따라서 한자의 3요소는 形(모양), 音(소리), 義(뜻)라고 한다.

교과서 한자어 자세히 알기

국보 — 國寶
- **훈음**: 나라 **국**, 보배 **보**
- **풀이**: 나라의 보배. 가치가 높은 것으로 평가되어 국가가 보호·관리하는 문화재
- **쓰임**: 숭례문은 國寶 제1호이다.

관광객 — 觀光客
- **훈음**: 볼 **관**, 경치 **광**, 손님 **객**
- **풀이**: 다른 지방이나 다른 나라의 풍물·풍속을 구경하러 다니는 사람
- **쓰임**: 서울특별시에서는 더 많은 외국 觀光客들을 서울로 오게 하려고 여러 가지 노력을 하고 있다.

답사 — 踏査
- **훈음**: 밟을 **답**, 조사할 **사**
- **풀이**: 실지로 현장에 가서 보고 조사함
- **쓰임**: 시우네 분단은 우리 나라의 옛 도읍지로 踏査 여행을 떠났다.

등고선 — 等高線
- **훈음**: 같을 **등**, 높을 **고**, 줄 **선**
- **풀이**: 바다의 수면을 기준으로 하여 높이가 같은 곳을 선으로 이은 것
- **쓰임**: 지도에서는 땅의 높낮이를 等高線과 색깔로 나타낸다.

문화재 — 文化財
- **훈음**: 글월 **문**, 될 **화**, 재물 **재**
- **풀이**: 유형 문화재와 무형 문화재 및 기념물·민속자료를 통틀어 이르는 말
- **쓰임**: 장금이네 분단은 신라의 文化財가 많이 남아 있는 경주를 견학하기로 하였다.

박물관 博物館

- **훈음**: 넓을 **박**, 만물 **물**, 집, 객사 **관**
- **풀이**: 역사·민속·산업·과학·예술 등에 관한 자료를 수집, 보관하고 전시하여 사회 교육과 학술 연구에 도움이 되게 만든 시설
- **쓰임**: 博物館에는 문화재들이 많이 있다.

역사 歷史

- **훈음**: 지낼 **력**, 역사 **사**
- **풀이**: 인간 사회가 거쳐 온 변천의 모습
- **쓰임**: 우리는 과거의 歷史를 통해 조상들의 지혜를 배울 수 있다.

연표 年表

- **훈음**: 해 **년**, 겉 **표**
- **풀이**: 옛날에 있었던 일들을 일어난 순서에 따라 표로 정리한 것
- **쓰임**: 지우는 年表를 보고, 경기도의 모습이 변화해 온 과정을 정리하여 기록해 보았다.

지도 地圖

- **훈음**: 땅 **지**, 그림 **도**
- **풀이**: 지구 표면의 일부나 전부를 일정한 축척에 따라 평면 위에 나타낸 그림
- **쓰임**: 地圖에는 지명과 주요 시설, 도로 등이 나타나 있다.

축척 縮尺

- **훈음**: 줄어질 **축**, 자 **척**
- **풀이**: 지도나 설계도 따위를 실물보다 작게 그릴 때, 그 축소한 정도
- **쓰임**: 지도는 일정한 縮尺에 따라 만들어진다.

4. 역사, 지리

한반도
韓半島

- **훈음**: 나라 이름 **한**, 반 **반**, 섬 **도**
- **풀이**: 우리 나라 국토인 반도
- **쓰임**: 韓半島에는 문화 유적지가 많다.

9 쉬어가는 페이지

賞春(상춘)의 의미는?

賞(상)은 잘한 일에 대해서 윗사람이 주는 것으로 알려져 있다. 과거에는 賞(상)이란 임금님만이 줄 수 있는 물건으로 개인적으로는 매우 귀한 것이었다. 그래서 賞(상)에는 늘 가까이하며 본다는 의미가 포함되어 있다. 따라서 '봄을 즐기는 것'이라는 의미의 賞春(상춘)에서의 賞(상)은 상을 준다는 뜻이 아니고, 즐긴다는 뜻이다.

10 쉬어가는 페이지

兵(병), 卒(졸)의 의미는?

兵(병)하고 卒(졸)은 모두 군대에서 계급이 낮은 사람을 칭하는 용어이다. 지금은 이 둘을 구분없이 함께 사용하지만 엄밀하게 따져보면 兵(병)은 기병, 卒(졸)은 보병을 뜻하는 글자였다. 한자는 글자마다 고유한 뜻이 있으므로 그 뜻을 밝혀 이해하는 것은 한자를 더욱 친근하고, 재미있게 공부할 수 있는 방법이다.

한 자 자 격 시 험 준 5 급

 고사성어

문 문   앞 전   이룰 성   시장 시

 문전성시

문 앞에 마치 시장이 선 것 같다는 뜻으로, 찾아오는 사람이 매우 많음을 나타내는 말

'문전성시'(門前成市)란 《한서(漢書)》〈정숭전(鄭崇傳)〉에 나오는 말로 문 앞에 마치 시장이 선 것 같다는 말로 권세가나 부잣집 앞에 방문객이 많음을 이르는 말입니다.

전한(前漢) 말기 애제(哀帝) 때, 조정의 실권은 외척의 손에 넘어가 외척들의 횡포와 부정부패가 매우 심했습니다. 그러나 황제는 동현(董賢)이라는 미소년에 빠져 정치는 돌보지 않고 오직 놀기만 했습니다. 이에 많은 충신들이 왕의 실정과 타락을 바로 잡으려고 간언을 하였으나 소용이 없었습니다. 정숭(鄭崇) 또한 포선(鮑宣), 왕선(王善) 등과 함께 외척들의 비리에 대해 황제에게 직언하였지만 받아들여지지 않고, 도리어 황제의 미움만 사고 말았습니다.

그 무렵 조창(趙昌)이라는 상서령(尙書令)이 있었는데, 그는 전형적인 아첨배로 왕실과 인척지간인 정숭을 시기하여 그를 모함할 기회만 노리고 있다가 어느 날 애제에게 다음과 같이 고했습니다.

"폐하, 아뢰옵기 황공하오나 정숭(鄭崇)의 집 문 앞이 시장을 이루고 있습니다(門前成市). 이는 심상치 않은 일이오니 엄중히 문책하십시오."

애제는 이 말을 듣고 조창의 무고에 현혹되어 정숭을 불러 그것이 사실인지 묻자 정숭이 대답했습니다.

"예, 폐하. 신의 집 문 앞이 시장과 같이 붐비지만 걱정하실 일이 없습니다. 신의 마음은 물과 같이 깨끗하옵니다. 바라옵건대 한 번 더 조사하여 진상을 밝혀 주십시오."

이 말을 들은 애제는 정숭의 간청을 묵살하고 황제의 말에 대꾸를 하였다며 평소 눈엣가시였던 정숭을 옥에 가두어 버렸습니다. 그러자 손보(孫寶)가 상소하여 정숭을 변호했지만 애제는 오히려 손보마저 벼슬을 뺏어 버리고 서인으로 강등시켜 내쳐버렸습니다. 그 후 정숭은 옥사하고 말았다고 합니다.

오늘날 '문전성시(門前成市)'라는 말은 권력자나 재력가 주변에 사람이 많을 때 사용할 뿐 아니라 학원, 상점 등이 이름이 나서 사람이 많이 몰려올 때도 '문전성시'란 표현을 쓰기도 합니다.

4. 역사, 지리

고사성어와 한자성어

하늘 천 / 옷 의 / 없을 무 / 꿰맬 봉

 천의무봉
(하늘의 옷에는 꿰맨 자국이 없다는 뜻으로)
① 시(詩)나 문장 따위가 꾸밈이 없이 자연스러움을 이르는 말
② 사물이 완전무결함을 이르는 말

《태평광기(太平廣記)》에 보면 태원(太原)에 사는 곽한(郭翰)은 시문(詩文)과 서예(書藝)에 능한 청년으로 일찍 부모를 여의고 혼자 살았습니다. 곽한이 여름날 밤 정원에 누워 있는데 절세미인이 허공에서 내려와 말하기를

"저는 천상의 직녀인데, 남편과 오래 떨어져 있어 울화병이 생겨서, 옥황상제의 허락을 받고 요양차 내려왔습니다."

하며 잠자리를 같이 하기를 요구하였습니다.

그 후로도 매일 밤 찾아와 곽한과 즐기다 올라갔는데 칠월 칠석이 되자 며칠 오지 않다가 다시 나타났습니다. 이에 곽한이 남편과 즐거운 시간을 가졌는가를 묻자 직녀는,

"천상의 사랑은 지상의 사랑과는 다릅니다. 마음으로만 통하는 것이니 질투는 마십시오."

라고 대답했습니다. 곽한이 조용히 그녀의 옷을 살펴보니, 바느질한 곳이 전혀 없어 천을 만들 때부터 그대로 만들어진듯하였습니다. 곽한이 이상히 여기자 직녀는 하늘의 옷은 원래 바늘이나 실로 꿰매는 것이 아니라고 대답했습니다.

1년 쯤 지난 어느 날 밤 그녀는 곽한의 손을 잡고 옥황상제가 허락한 기한이 오늘로 끝난다고 말하고 더 이상 내려오지 않았습니다. 그 뒤로 곽한은 세상 어느 여자를 보아도 마음이 움직이지 않아 장가를 들었으나 도무지 사랑을 느낄 수 없어 자식도 얻지 못한 채 일생을 마쳤다고 합니다.

천의(天衣)는 원래 바늘이나 실로 꿰매 만드는 것이 아니고, 처음부터 그대로 만들어져 있다는 전설적인 옷입니다. '천의무봉'(天衣無縫)이란 시나 문장 따위가 꾸밈이 없어 자연스러움, 사물이 완전무결함을 이릅니다. 오늘날에도 문학 작품이나 미술 작품 등의 완벽함을 평가할 때나 아름다운 자연 경관을 묘사할 때 '천의무봉'(天衣無縫) 이란 표현을 자주 사용합니다.

알아두면 유익한 한자성어

나라 국 / 이로울 리 / 백성 민 / 복 복

국리민복
나라의 이익과 국민의 행복

이제 금 / 때 시 / 처음 초 / 들을 문

금시초문
듣느니 처음. 이제야 비로소 처음 들음

동녘 동 / 서녘 서 / 예 고 / 이제 금

동서고금
(동양과 서양, 옛날과 지금이란 뜻으로) 인간 사회의 모든 시대 모든 곳

먼저 선 / 공변될 공 / 뒤 후 / 사사로울 사

선공후사
사사로운 일이나 이익보다 공사(公事)나 공익(公益)을 앞세움을 이르는 말

단원 마무리 연습문제

♣ 다음 ( ) 안에 공통으로 들어갈 한자를 〈보기〉에서 골라 쓰세요. (1~7)

보기
民　韓　姓　時
祖　平　軍

1. ( )地, 不( )
2. ( )國, ( )人
3. ( )上, 先( )
4. ( )間, 國( )
5. 生( ), ( )間
6. ( )名, ( )氏
7. ( )人, 國( )

♣ 아래 글을 읽고 밑줄 친 부분의 뜻이 담긴 한자를 〈보기〉에서 찾아 한자로 쓰세요. (8~12)

(8)옛날에 사람들은 (9)성씨가 없이 어울려 살았다. 그러다가 (10)백성들의 수가 늘어나고 각기 씨족을 형성하면서 나라가 형성하게 되었다. 나라가 만들어지면서 서로 물건을 사고 파는 (11)저자거리도 만들어 지고 나라를 지킬 (12)군사도 생긴다.

보기
姓　民　市　軍　古

8. _____
9. _____
10. _____
11. _____
12. _____

♣ 다음 ( ) 안에 들어갈 적합한 한자어를 바르게 쓴 것을 고르세요. (13~19)

13. 숭례문은 ( ) 제 1호이다.
① 國寶　② 國步　③ 局報　④ 國保

14. 시우네 분단은 우리 나라의 옛 도읍지로 ( ) 여행을 떠났다.
① 答賜　② 踏査　③ 答謝　④ 答辭

15. 지도에서는 땅의 높낮이를 ( )과 색깔로 나타낸다.
① 登高線
② 燈高線
③ 等高線
④ 等考線

16. ( )에는 문화재들이 많이 있다.
① 朴物館　② 朴勿關　③ 博物關　④ 博物館

17. 우리는 과거의 ( )를 통해 조상들의 지혜를 배울 수 있다.
① 力士　② 役事　③ 轢死　④ 歷史

18. ( )에는 지명과 주요 시설, 도로 등이 나타나 있다.
① 地圖　② 指導　③ 指圖　④ 地道

19. 지도는 일정한 ( )에 따라 만들어진다.
① 築尺　② 縮尺　③ 縮拓　④ 畜尺

♣ 다음 질문에 적합한 한자를 〈보기〉에서 골라 쓰세요. (20~23)

보기
玉　住　姓　時

20. 市와 음이 같은 한자는?
(　　　　)

21. 家와 관련 있는 한자는?
(　　　　)

22. 朴, 金, 李 등과 관련 있는 한자는?
(　　　　)

23. 寶와 관련 있는 한자는?
(　　　　)

♣ □안에 주어진 한자와 서로 유사한 뜻을 가진 한자끼리 짝 지어 보세요. (24~25)

24. 先 •　　　　• 館

25. 家 •　　　　• 前

♣ □안에 주어진 한자와 서로 상대되는 뜻을 가진 한자끼리 짝지어 보세요. (26~28)

26. 客 •　　　　• 內

27. 外 •　　　　• 合

28. 分 •　　　　• 主

♣ 다음 질문에 맞는 한자를 쓰세요. (29~30)

29. 竹 + 寺 = (　　　　)

30. 日 + 寺 = (　　　　)

정답

1. 平	2. 韓	3. 祖	4. 民	5. 時	6. 姓	7. 軍	8. 古
9. 姓	10. 民	11. 市	12. 軍	13. ①	14. ②	15. ③	16. ④
17. ④	18. ①	19. ②	20. 時	21. 住	22. 姓	23. 玉	24. 前
25. 館	26. 主	27. 內	28. 合	29. 等	30. 時		

5 나와 우리

5-1. 선정 한자 익히기
5-2. 교과서 한자어 자세히 알기
5-3. 알아두면 유익한 한자성어
5-4. 단원 마무리 연습문제

| 학습의 주안점 |
이 단원에서는 공동체 생활과 관련 있는 한자들을 읽고 쓰며, 그 뜻을 정확히 알도록 노력하고 민주적 생활 태도가 무엇인지 함께 생각해 보도록 합시다.

www.hanja114.org

 **새로 익힐 선정 한자**

歌	노래	가	面	낯	면
今	이제	금	士	선비	사
己	몸	기	所	바	소
道	길	도	食	밥	식
登	오를	등	右	오른	우
林	수풀	림	場	마당	장
馬	말	마	左	왼쪽	좌
萬	일만	만	孝	효도	효
每	매양	매			

 교과서에 나오는 한자어

가족	家族	예절	禮節
반성	反省	질서	秩序
실천	實踐	체조	體操
음악	音樂	편견	偏見
약속	約束	행복	幸福
양보	讓步	화음	和音

선정 한자 익히기

훈	노래	음	가	부수	欠
필순	ᄀᄀᄀ큷쿅歌歌			총획	14

도움말
'哥'(노래 가)와 '欠'(하품 흠)이 더해진 글자로, 하품하듯이 입을 벌리고 노래를 부른다 하여 '노래'라는 뜻을 지닌다.

용례
歌曲(가곡) 歌手(가수) 歌謠(가요)

훈	이제 바로	음	금	부수	人
필순	ノ人亼今			총획	4

도움말
'亼'(모을 합의 획줄임)과 '及'(미칠 급)을 더한 글자로, 사람이 모이는 곳에 때맞추어 간다는 데서 '이제, 지금'의 뜻을 지닌다.

용례
今年(금년) 今日(금일) 只今(지금) 方今(방금)

훈	몸 자기	음	기	부수	己
필순	フコ己			총획	3

도움말
몸을 굽힌 모양을 본뜬 글자

용례
利己(이기) 自己(자기) 知己(지기)

훈	길 도리 말할	음	도	부수	辶
필순	᠂ᠶᠶ首道			총획	13

도움말
'首'(머리 수)와 '辶'(천천히 갈 착)을 더한 글자로, 사람이 왕래하는 '길'의 뜻을 지닌다.

용례
道路(도로) 道理(도리) 國道(국도) 孝道(효도)

훈	오를 나갈 실을	음	등	부수	癶
필순	フョ癶癶登登			총획	12

도움말
'癶'(걸을 발)과 '豆'(제기 두)를 더한 글자로, 두 발로 서서 높은 곳에 제기를 올려놓는다는 데서 '오르다'의 뜻을 지닌다.

용례
登校(등교) 登山(등산) 登場(등장) 登錄(등록)

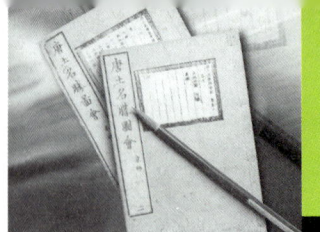

한 자 자 격 시 험 준 5 급

도움말
두 그루의 나무가 서있는 모양으로 나무가 한곳에 많이 모여 있는 '수풀'이라는 뜻을 지닌다.

용 례
山林(산림) 樹林(수림) 森林(삼림)

훈	수풀 빽빽할	음	림	부수	木
필순	一十十十林林			총획	8

도움말
말의 모양을 본뜬 글자

용 례
馬力(마력) 馬車(마차) 木馬(목마) 出馬(출마)

훈	말	음	마	부수	馬
필순	丨厂F馬馬			총획	10

도움말
벌 모양의 글자로, 벌이 무리 지어 산다는 데서 가장 많은 수인 '일만'을 뜻한다.

용 례
萬歲(만세) 萬全(만전) 千萬(천만)

훈	일만 많을	음	만	부수	艹(++)
필순	一艹艹苗莒萬			총획	13

도움말
'屮'(풀싹나올 철)과 '母'(어미 모)를 더한 글자로, 풀의 싹이 잇달아 나온다는 데서 '매양'의 뜻을 지닌다.

용 례
每年(매년) 每事(매사) 每日(매일)

훈	매양	음	매	부수	毋
필순	一仁与每每			총획	7

도움말
코를 본뜬 글자인 '自'를 에워 싼 모양으로 '얼굴'의 뜻을 지닌다.

용 례
面刀(면도) 面相(면상) 洗面(세면) 平面(평면)

훈	낯 대할 겉	음	면	부수	面
필순	一丆丙面面			총획	9

5. 나와 우리

선정 한자 익히기

훈	선비 사내 군사	음	사	부수	士
필순	一 十 士			총획	3

도움말 '十'(열 십)과 '一'(한 일)을 더한 글자로, 一에서 十까지 무엇이든지 다 아는 사람이 '선비'라는 뜻을 지닌다.

용례 上士(상사) 壯士(장사) 學士(학사) 士兵(사병)

훈	바 처소	음	소	부수	戶
필순				총획	8

도움말 '戶'(집 호)와 '斤'(도끼 근)을 더한 글자로, 사람의 모습은 보이지 않으나 문안에서 도끼 소리가 나 그 '곳'을 알린다는 뜻을 지닌다.

용례 所有(소유) 所重(소중) 山所(산소) 場所(장소)

훈	①밥 ②먹을	음	①사 ②식	부수	食
필순	人 人 今 今 食 食			총획	9

도움말 '亼'(모을 합)과 '皀'(밥 흡)을 더한 글자로, 밥을 그릇에 담았다 하여 '밥', '먹다'의 뜻을 지닌다.

용례 食口(식구) 食事(식사) 韓食(한식) 後食(후식)

훈	오른 도울	음	우	부수	口
필순				총획	5

도움말 '又'(오른손 우)와 '口'(입 구)가 더해진 글자로 '오른쪽'을 뜻한다.

용례 左右(좌우) 右側(우측) 右軍(우군)

훈	마당	음	장	부수	土
필순				총획	12

도움말 '土'(흙 토)와 '昜'(빛날 양)이 더해진 글자로, 햇볕이 잘 드는 양지 바른 땅이란 데서 '마당'이라는 뜻을 지닌다.

용례 場面(장면) 場所(장소) 市場(시장) 入場(입장)

도움말
'𠂇'(왼쪽 좌)에 '工'(장인 공)을 더한 글자로, 목수가 자를 잴 때에는 왼손으로 쥔다하여 '왼쪽'의 뜻을 지닌다.

용례
左右(좌우) 左心室(좌심실)

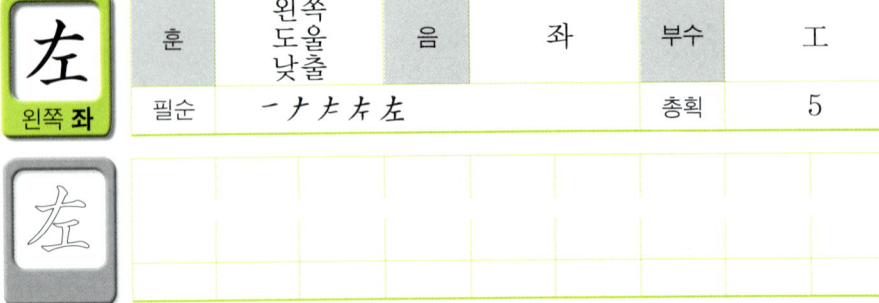

훈	왼쪽 도울 낮출	음	좌	부수	工
필순	一ナ𠂇 𠂇左			총획	5

도움말
'老'(늙을 노)와 '子'(아들 자)를 더한 글자로, 자식이 나이든 부모님을 받든다는 데서 '효도'라는 뜻을 지닌다.

용례
孝道(효도) 孝子(효자) 孝心(효심)

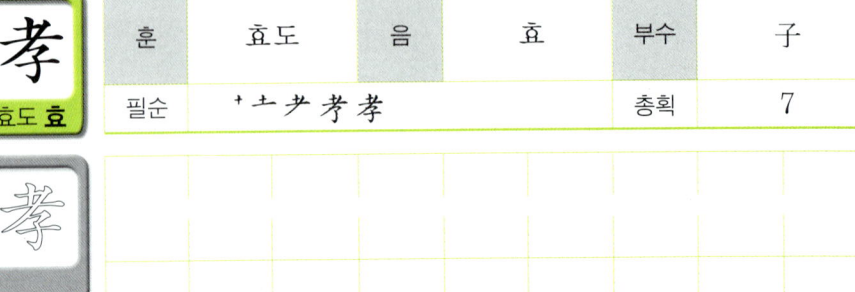

훈	효도	음	효	부수	子
필순	十土耂孝孝			총획	7

11 쉬어가는 페이지

쑥맥(菽麥)의 어원

사리 분별을 잘 못하는 사람을 일컬어 "쑥맥"이라고 한다. 그러나 쑥맥이 한자어의 비표준어라는 사실을 아는 사람이 많을까? 쑥맥이란 한자어 숙맥(菽麥)의 비표준어이다. 콩 숙(菽)과 보리 맥(麥)을 합친 글자로 그 뜻을 풀이하면 콩과 보리이나 결국 콩과 보리를 구별하지 못하는 어리석은 사람을 지칭할 때 사용된다. 결국 한자어 숙맥(菽麥)이 경음화되어 '쑥맥'이라는 비표준어가 되고 만 것이다. 표준어를 사용해야 한다.

교과서 한자어 자세히 알기

www.hanja114.org

가족 家族
- **훈음**: 집 **가**, 겨레 **족**
- **풀이**: 혈연과 혼인 관계 등으로 한 집안을 이룬 사람들의 집단. 어버이와 자식, 형제 자매, 부부 등
- **쓰임**: 부부와 결혼하지 않은 자녀들과 함께 사는 家族을 핵가족이라고 한다.

반성 反省
- **훈음**: 돌이킬 **반**, 살필 **성**
- **풀이**: 자기의 언행·생각 따위의 옳고 그름을 깨닫기 위해 스스로를 돌이켜 살핌
- **쓰임**: 그는 일기를 쓰면서 그 날의 일과를 反省한다.

실천 實踐
- **훈음**: 열매 **실**, 밟을 **천**
- **풀이**: 실제로 행함
- **쓰임**: 공정한 생활은 말로만 하는 것이 아니라 몸소 實踐하는 것이 중요하다.

음악 音樂
- **훈음**: 소리 **음**, 풍류 **악**
- **풀이**: 인간의 사상과 감정을 주로 소리로 나타내는 예술
- **쓰임**: 音樂을 연주하는 데 쓰이는 악기에는 관악기, 현악기, 타악기 따위가 있다.

약속 約束
- **훈음**: 맺을 **약**, 묶을 **속**
- **풀이**: 어떤 일에 대하여 어떻게 하기로 미리 정해 놓고 서로 어기지 않을 것을 다짐함
- **쓰임**: 토요일인 오늘은 수업이 끝난 후에 학교 운동장에서 야구를 하기로 친구들과 約束했습니다.

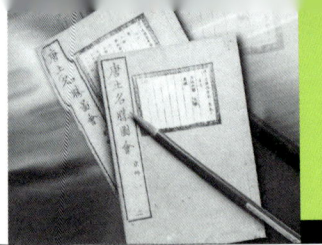

양보 讓步

- **훈음** 사양할 **양**, 걸음 **보**
- **풀이** 남에게 자리를 내주거나 길을 비켜 줌. 자신의 주장을 굽혀 남의 의견을 좇음
- **쓰임** 남에게 친절하게 대하고 讓步하는 태도가 중요하다.

예절 禮節

- **훈음** 예도 **례**, 마디 **절**
- **풀이** 예의 범절, 사람이 지켜야 할 도리
- **쓰임** 인터넷에서도 지켜야 할 禮節이 있다.

질서 秩序

- **훈음** 차례 **질**, 차례 **서**
- **풀이** 사물 또는 사회가 올바른 생태를 유지하기 위하여 지켜야 할 일정한 차례나 규칙
- **쓰임** 秩序는 차례입니다. 먼저 해야 할 것이 있고 나중에 해야 할 것이 있으니까요.

체조 體操

- **훈음** 몸 **체**, 잡을 **조**
- **풀이** 신체의 이상적 발달을 꾀하고 신체의 결함을 교정 또는 보충시켜 주기 위해서 행하는 조직화된 운동. 맨손 체조와 기계 체조 등으로 나뉨
- **쓰임** 운동을 시작할 때에는 준비 體操를 합니다.

편견 偏見

- **훈음** 치우칠 **편**, 볼 **견**
- **풀이** 공정하지 못하고 한쪽으로 치우친 생각
- **쓰임** 어떤 일에 대해 偏見을 갖는 것은 위험하다.

교과서 한자어 자세히 알기

www.hanja114.org

행복

幸福

- **훈음**: 다행 **행**, 복 **복**
- **풀이**: 흐뭇하도록 만족하여 부족이나 불만이 없음
- **쓰임**: 차례차례 줄 서자. 차례차례 줄을 서. 조금 먼저 간다고 조금 앞서 간다고 더 幸福한 건 아냐.

화음

和音

- **훈음**: 화목할 **화**, 소리 **음**
- **풀이**: 높낮이가 다른 둘 이상의 음이 동시에 울렸을 때의 합성된 음
- **쓰임**: 和音의 아름다움을 느끼며 3부 합창을 해 봅시다.

12 쉬어가는 페이지

手(수)의 뜻이 무엇인가?

手(수)의 뜻이 무엇이냐고 질문하면 손이라고 대부분 대답할 것이다. 歌手(가수)라고 할 때의 手가 손이라면 '노래하는 손'이 가수인 셈이다. 그러나 여기에서 手는 손이 아니라 '사람'이라는 뜻이 있기 때문에 歌手란 노래하는 손이 아닌 '노래하는 사람'이란 뜻이다. 그런 것이 또 있다. 바둑알을 처음 놓는 것을 着手(착수)라 한다. 이때도 역시 手를 손이라고 풀이하면 붙이는 손이 되는데 뭔가 이상하다. 그래서 이때의 手는 계책이나 꾀를 뜻하기 때문에 계책을 펼친다는 의미가 되는 것이다. 한자는 고유의 뜻과 함께 여러 가지의 의미가 있으므로 字典을 늘 가까이 하여 새로운 의미를 알아나가야 할 것이다.

한 자 자 격 시 험 준 5 급

오를 등   용 룡   문 문

 **등용문**

용문(龍門)에 오른다는 뜻으로, 입신출세의 관문을 일컫는 말

　조선 후기에 일반 서민들은 집안의 장식이나 행운을 빌기 위해 민화를 많이 걸어 두었습니다. 특히 잉어가 거친 물살을 거슬러 오르는 모습이나 여의주를 향하여 힘차게 뛰어 오르는 모습을 담은 민화는 젊은 선비들이 주고받았던 그림으로, 이는 '등용문(登龍門)'을 통과하여 입신출세하기를 비유하고 있습니다.

　용문(龍門)은 황하(黃河) 상류의 산서성(山西省)과 섬서성(陝西省)의 경계에 있는 협곡의 이름입니다. 이곳을 흐르는 급류의 물살이 어찌나 강한지 배가 다닐 수가 없는데다가 물 속의 물고기들도 급류를 거슬러 올라갈 수가 없다고 합니다. 강과 바다의 큰 물고기들이 용문의 아래에 수천 마리나 모였었지만 아무도 올라갈 수가 없어 그 급류를 올라갈 수만 있다면 용이 된다고 합니다. 따라서 '용문에 오른다'는 것은 극한의 난관을 돌파하고 약진의 기회를 얻는다는 말인데 중국에서는 진사(進士) 시험에 합격하는 것이 입신출세의 제일보라는 뜻으로 '등용문'이라 하였습니다.

　'등용문(登龍門)'이란 말은 《후한서(後漢書)》〈이응전(李膺傳)〉에서 그 유래를 찾을 수 있습니다. 후한 시대는 환관(내시)들의 득세로 인해 충신들이 힘을 펼치지 못한 시절이기도 했습니다. 그러나 당상관이었던 이응(李膺)은 그러한 환관의 권세에 눌리지 않고 정의를 위해 자신의 생각을 꺾지 않았던 인물이었습니다. 이응은 모든 관리들에게 인정을 받았었기에 '천하의 모범은 이응이다'라고 할 정도였습니다. 특히 젊은 관리들은 이응의 추천을 받는 것을 명예로 알고, 이를 용문(龍門)에 올라간 것 같다고 하여 '등용문(登龍門)'이라 했다고 합니다.

　'등용문'에 반대되는 말로 '점액(點額)'이란 말이 있습니다. 이마에 상처를 입는다는 뜻인데 물고기가 용문에 오르다가 바위에 부딪혀 이마에 상처를 입고 떠내려간다는 뜻으로 시험에 통과하지 못하고 실패하는 것을 의미합니다.

　오늘날에도 많은 사람들이 특정 시험에 합격하거나 자격을 얻는 것을 출세의 관문으로 여기고 있습니다. 그러나 잉어들이 오로지 자신의 힘을 다해 용문을 향하여 솟구쳐 오르는 것처럼 목표를 향하여 정당한 방법으로 노력할 때 그 결과가 더욱 의미있음을 명심하여야 할 것입니다.

　＊ 입신출세(立身出世) : 성공하여 세상에 이름을 떨침.

고사성어와 한자성어

 사면초가

사방이 적으로 둘러싸인 고립무원(孤立無援)의 상태

중국 경극 중 하나인 〈패왕별희〉는 초패왕 항우와 우미인의 이별을 그린 작품입니다. 이 경극의 배경을 살펴보면 사방에 초나라 노래를 뜻하는 '사면초가(四面楚歌)' 라는 고사성어를 찾을 수 있습니다.

항우와 유방은 천하의 패권을 두고 여러 차례 싸움을 하다가, 천하를 둘로 나누어 홍구(鴻溝) 서쪽을 한나라(유방)의 영토로 하고, 홍구 동쪽을 초나라(항우)의 영토로 하기로 약조하였습니다. 이에 유방이 서쪽으로 돌아가려고 하자, 장량과 진평은 화근을 없애고 한나라의 힘을 떨치려면 지금 초나라를 쳐야 한다고 말했습니다. 그래서 유방은 항우를 양하까지 추격하여 진을 치고는 한신, 팽월과 회합하여 모두 해하로 모여, 그곳에 진을 친 항우의 군대를 여러 겹으로 포위하였습니다. 그 때 이미 항우의 군대는 군사의 수도 격감한데다가 군량마저 떨어져 사기가 말이 아니었습니다.

한밤이 되자 '사방에서 초나라 노래 소리(四面楚歌)' 가 들려오기 시작했습니다. 심신이 지칠대로 지친 초나라 군사들은 전의를 잃고 그리운 고향의 노랫소리에 눈물을 흘리며 다투어 도망을 쳤습니다. 지친 초나라 군사에게 초나라 노래를 불러 사기를 떨어뜨리려 한 장량의 심리작전이 성공했던 것입니다.

노랫소리를 들은 항우는 깜짝 놀라서 말했습니다.

"유방은 어느새 초나라를 정복했나보구나, 어찌 저렇게 많은 초나라 사람들이 노래를 부른단 말인가?"

항우는 술잔을 기울이며 비통한 심정을 다음처럼 노래했습니다.

力拔山兮氣蓋世(역발산혜기개세)	힘은 산을 뽑을 수 있고, 기개는 온 세상을 덮을 만하건만
時不利兮騅不逝(시불리혜추불서)	때가 불리하여 추 또한 나아가지 않는구나.
騅不逝兮可奈何(추불서혜가내하)	추가 나아가지 않으니 어찌해야 하는가?
虞兮虞兮奈若何(우혜우혜내약하)	우(虞)여, 우여, 그대를 어찌해야 좋을까?

우는 항우의 총애를 받던 여인이고, 추는 항우가 타고 다니던 준마의 이름입니다. 항우는 이 노래를 몇 번이고 부르더니 눈물을 떨구었고, 주위에 있던 부하들도 눈시울을 적셨습니다. 이 노래를 들은 우는 항우의 보검을 뽑아 자신의 가슴에 꽂고 자결하였습니다. 항우는 곧바로 말에 올라 800여 명의 부하들을 이끌고 포위망을 뚫고 남쪽으로 오강(吳江)까지 질주하였으나, 이미 때가 늦은 것을 알고 그곳에서 자결하고 말았습니다.

이처럼 《사기(史記)》〈항우본기(項羽本紀)〉에서 나온 '사면초가(四面楚歌)' 라는 말은 사방에서 사람들이 공격하여 궁지에 몰리거나 지지나 도움을 받지 못하여 아주 곤궁한 처지에 이르게 된 경우에 쓰이는 말입니다.

알아두면 유익한 한자성어

만고강산

오랜 세월을 통하여 변함이 없는 산천

무위도식

하는 일도 없이 먹고 놀기만 함

우왕좌왕

이리저리 오락가락하며 일이나 나아갈 방향을 결정짓지 못하고 망설임

좌지우지

제 마음대로 다루거나 휘두름

5. 나와 우리

단원 마무리 연습문제

♣ 다음 ( ) 안에 공통으로 들어갈 한자를 〈보기〉에서 골라 쓰세요. (1~8)

보기

場　所　林　今　萬
登　每　孝

1. ( )道, ( )女
2. 市( ), ( )所
3. ( )日, ( )月
4. ( )有, ( )出
5. ( )山, ( )場
6. ( )一, 千( )
7. 山( ), 木( )
8. ( )日, 古( )

♣ 다음 뜻에 해당하는 단어를 〈보기〉에서 골라 한자로 조합하여 쓰세요. (9~13)

보기

登　左　孝　右　所
道　場

9. 왼쪽과 오른쪽
　　　　　　(　　　　　)

10. 어버이를 잘 섬김
　　　　　　(　　　　　)

11. 무엇이 있거나 무슨 일이 벌어지거나 하는 곳
　　　　　　(　　　　　)

12. 무예를 수련하는 곳
　　　　　　(　　　　　)

13. 무대 위에 나타남
　　　　　　(　　　　　)

♣ 다음 ( ) 안에 들어갈 적합한 한자어를 바르게 쓴 것을 고르세요. (14~21)

14. 그는 일기를 쓰면서 그 날의 일과를 ( ) 한다.
　① 反省　② 伴性　③ 伴星　④ 反姓

15. 공정한 생활은 말로만 하는 것이 아니라 몸소 ( )하는 것이 중요하다.
　① 室千　② 實踐　③ 實千　④ 室踐

16. 토요일인 오늘은 수업이 끝난 후에 학교 운동장에서 야구를 하기로 친구들과 ( )했습니다.
　① 約俗　② 若束　③ 約束　④ 若俗

17. ( )의 아름다움을 느끼며 3부 합창을 해 봅시다.
　① 花陰　② 華音　③ 化音　④ 和音

18. 조금 먼저 간다고 조금 앞서 간다고 더 ( ) 한 건 아냐!
　① 幸福　② 行福　③ 幸復　④ 行復

19. 어떤 일에 대해 (　)을 갖는 것은 위험하다.
    ① 便見　② 偏見　③ 扁見　④ 編見

20. 운동을 시작할 때에는 준비 (　)를 합니다.
    ① 體兆　② 體凋　③ 體操　④ 體彫

21. (　)는 차례입니다. 먼저 해야 할 것이 있고, 나중에 해야 할 것이 있으니까요.
    ① 秩徐　② 帙序　③ 質序　④ 秩序

♣ □안에 주어진 한자와 <u>관련이 있는</u> 한자끼리 짝 지어 보세요. (22~25)

22. 木 ・　　　　・面
23. 目 ・　　　　・林
24. 米 ・　　　　・孝
25. 父 ・　　　　・食

♣ □안에 주어진 한자와 <u>유사한 뜻을 가진</u> 한자끼리 짝 지어 보세요. (26~28)

26. 見 ・　　　　・踐
27. 步 ・　　　　・省
28. 民 ・　　　　・族

♣ □안에 주어진 한자와 <u>상대되는 뜻을 가진</u> 한자끼리 짝 지어 보세요. (29~30)

29. 古 ・　　　　・左
30. 右 ・　　　　・今

정답

1. 孝	2. 場	3. 每	4. 所	5. 登	6. 萬	7. 林	8. 今
9. 左右	10. 孝道	11. 場所	12. 道場	13. 登場	14. ①	15. ②	16. ③
17. ④	18. ①	19. ②	20. ③	21. ④	22. 林	23. 面	24. 食
25. 孝	26. 省	27. 踐	28. 族	29. 今	30. 左		

6 연습문제 및 최근 기출문제

한자실력급수 자격시험 준5급 연습문제 <1>

객관식 (1~30번)

※ [ ]안의 한자와 음(소리)이 같은 한자는?

1. [家] ① 平 ② 歌 ③ 主 ④ 寸

2. [全] ① 工 ② 立 ③ 入 ④ 前

3. [時] ① 市 ② 自 ③ 九 ④ 女

4. [事] ① 心 ② 寸 ③ 士 ④ 土

※ [ ]안의 한자의 뜻으로 알맞은 것은?

5. [林] ①바다 ②수풀 ③하늘 ④우주

6. [牛] ①낮 ②밤 ③양 ④소

7. [姓] ①성씨 ②여자 ③좋다 ④낳다

8. [休] ①오다 ②베다 ③쉬다 ④지키다

9. [植] ①심다 ②곧다 ③먹다 ④버리다

10. [己] ①뱀 ②몸 ③이미 ④고을

※ [ ]안의 한자와 뜻이 반대되거나 상대되는 한자는?

11. [教] ① 校 ② 氣 ③ 金 ④ 學

12. [本] ① 末 ② 生 ③ 木 ④ 水

※ <보기>의 단어들과 가장 관련이 깊은 한자는?

13.
<보기>	노랑	빨강	파랑

① 馬 ② 男 ③ 色 ④ 登

14.
<보기>	교실	운동장	선생님

① 力 ② 校 ③ 文 ④ 不

15.
<보기>	합창	동요	민요

① 玉 ② 邑 ③ 地 ④ 歌

※ [ ] 안의 한자어의 독음(소리)으로 알맞은 것은?

16. [國寶] ① 국새 ② 국보 ③ 국정 ④ 국제

17. [幸福] ① 명복 ② 만복 ③ 축복 ④ 행복

18. [記事] ① 기사 ② 기자 ③ 기록 ④ 기억

19. [堆積] ① 추적 ② 성적 ③ 퇴적 ④ 누적

20. [俗談] ① 속자 ② 속보 ③ 속담 ④ 속세

※ [　　] 안의 한자어의 뜻으로 알맞은 것은?

21. [偏見]
① 어떤 대상에 대하여 가지는 생각.
② 뛰어난 의견이나 생각.
③ 공정하지 못하고 한쪽으로 치우친 생각.
④ 사물을 분별하는 지혜.

22. [想像]
① 자기보다 나이가 많음.
② 하나의 관념이 다른 관념을 불러일으킴.
③ 마음에 깊이 느끼어 칭찬함.
④ 머릿속이나 마음속으로 그려 봄.

23. [詩]
① 면과 면이 만나 이루어지는 모서리.
② 점이 연속적으로 이어져 이루어진 자취.
③ 정서를 운율을 지닌 언어로 표현한 문학.
④ 어떤 지역이나 물건의 가장자리.

24. [資料]
① 소중히 여길 가치가 있는 것.
② 만들거나 이루는 데 바탕이 되는 물자.
③ 남에게 빚을 짐.
④ 장사나 사업 따위의 기본이 되는 돈.

25. [都市]
① 산속에 있는 마을.
② 지표면이 평평하고 너른 들.
③ 인구가 많고, 정치·경제·문화의 중심이 되는 곳.
④ 상품을 사고파는 일정한 장소.

※ [　　] 안에 들어갈 한자어로 알맞은 것은?

26. [　　]의 사이가 넓으면 경사가 완만한 곳이다.
① 不導體　② 博物館
③ 帶分數　④ 等高線

27. 전학을 간 친구에게서 안부를 묻는 [　　]이/가 왔다.
① 便紙　② 踏査　③ 所得　④ 約束

28. 물건을 살 때는 소비자의 현명한 [　　]이/가 중요하다.
① 農村　② 分銅　③ 選擇　④ 歷史

29. 집을 살 때 돈이 부족한 경우에 집값 일부를 [　　]에서 빌려서 사기도 한다.
① 觀察　② 文段　③ 年表　④ 銀行

30. 운동을 시작할 때는 준비 [　　]을/를 먼저 한다.
① 流通　② 體操　③ 對照　④ 家族

한자실력급수 자격시험 준5급 연습문제 〈1〉

주관식 (31~100번)

※ 한자의 훈(뜻)과 음(소리)을 한글로 쓰시오.

31. 代 (　　　　)

32. 民 (　　　　)

33. 先 (　　　　)

34. 語 (　　　　)

35. 古 (　　　　)

36. 玉 (　　　　)

37. 登 (　　　　)

38. 少 (　　　　)

39. 道 (　　　　)

40. 間 (　　　　)

※ 훈과 음에 맞는 한자를 〈보기〉에서 찾아 쓰시오.

〈보기〉	所 位 衣 向 巾 合 字 農 長 記

41. 글자　　자 (　　　　)

42. 향할　　향 (　　　　)

43. 기록할　기 (　　　　)

44. 옷　　　의 (　　　　)

45. 바　　　소 (　　　　)

46. 긴　　　장 (　　　　)

47. 수건　　건 (　　　　)

48. 자리　　위 (　　　　)

49. 농사　　농 (　　　　)

50. 합할　　합 (　　　　)

※ 한자어의 독음을 한글로 쓰시오.

51. 登山　(　　　)

52. 老人　(　　　)

53. 地上　(　　　)

54. 孝道　(　　　)

55. 耳目　(　　　)

56. 敎育　(　　　)

57. 正午　(　　　)

58. 左右　(　　　)

59. 休日　(　　　)

60. 方今　(　　　)

61. 先祖　(　　　)

62. 室外　(　　　)

63. 三千里　(　　　)

64. 玉石　(　　　)

65. 靑天　(　　　)

66. 住所　(　　　)

67. 分母　(　　　)

68. 月末　(　　　)

69. 人間　(　　　)

70. 邑內　(　　　)

※ 〈보기〉의 뜻을 참고하여 ○안에 공통으로 들어갈 한자를 쓰시오.

71. (1) ○力　(2) 日○　　(　　　)

〈보기〉	(1) 사람의 몸으로 활동할 수 있는 정신과 육체의 힘. (2) 그날그날의 비, 구름, 바람, 기온 따위가 나타나는 기상 상태.

72. (1) 生○　(2) 萬○　　(　　　)

〈보기〉	(1) 생명을 가지고 스스로 생활 현상을 유지하여 나가는 물체. (2) 세상에 있는 모든 것.

73. (1) 四○　(2) 場○　　(　　　)

〈보기〉	(1) 전후좌우의 모든 방면. (2) 어떤 장소에서 겉으로 드러난 면이나 벌어진 광경.

한자실력급수 자격시험 준5급 연습문제 <1>

74. (1) ○女　　(2) 南○　　(　　)

| <보기> | (1) 바닷속에 들어가 해삼, 전복, 미역 따위를 따는 것을 직업으로 하는 여자.
(2) 남쪽에 있는 바다. |

75. (1) ○子　　(2) ○力　　(　　)

| <보기> | (1) 음전하를 가지고 원자핵의 주위를 도는 소립자의 하나.
(2) 전류가 단위 시간에 하는 일. |

※ ○ 안에 공통으로 들어갈 한자를 <보기>에서 찾아 쓰시오.

| <보기> | 來　馬　平　食　立 |

76. 韓○　　○口　　中○　　(　　)

77. ○年　　本○　　○日　　(　　)

78. ○車　　出○　　木○　　(　　)

※ 문장에서 잘못 쓴 한자를 바르게 고쳐 쓰시오. (단, 음이 같은 한자로 고칠 것)

79. 두 사람이 거의 洞時에 결승점을 통과했다.
(　　→　　)

80. 할머니께서 代門 앞에서 우리를 반갑게 맞아주셨다.　(　　→　　)

※ [　] 안의 단어를 한자로 쓰시오.

81. 나는 [유명]한 과학자가 되고 싶다.
(　　　　)

82. 깜깜한 밤길에 형을 만나니 [안심]이 되었다.　(　　　　)

83. 삼촌은 하늘을 지키는 [공군]이다.
(　　　　)

※ [　] 안의 한자어 독음을 한글로 쓰시오.

84. 별을 보고 [聯想]되는 것은 사람마다 다르다.　(　　　　)

85. 우리나라는 개인의 재산을 인정하고 자유로운 [經濟]활동을 보장한다.
(　　　　)

86. 국민들은 선거에서 [投票]를 통해 정치에 참여한다.　(　　　　)

87. 그는 일기를 쓰면서 그날의 일과를 [反省]한다.　(　　　　)

88. [韓半島]에는 문화 유적지가 많다.
( )

89. 우리 반은 신라의 [文化財]가 많이 남아 있는 경주를 견학하기로 했다.
( )

90. [地圖]에는 지명과 주요 시설, 도로들이 나타나 있다. ( )

91. 산업 [博覽會]에서는 여러 가지 신기술이 소개된다. ( )

92. 전래동화를 [素材]로 한 영화가 만들어졌다. ( )

93. 액체를 차갑게 하면 [固體]가 된다.
( )

94. 어머니가 노래를 부르자 아버지는 낮고 은은한 목소리로 [和音]을 맞추어 주었다.
( )

95. 높고 먼 꿈을 갖는 것보다 [實踐]해 나가는 것이 더 중요하다. ( )

96. 자기의 의견만 주장하지 말고 [讓步]하는 미덕을 키우자. ( )

97. 이 회사는 태양 [電池]를 생산한다.
( )

98. 군인들이 보무당당하고 [秩序] 정연하게 행진한다. ( )

※ 한자성어의 설명을 읽고 ○ 안에 들어갈 한자를 차례대로 쓰시오.

99. 東○西○ (,)

[동문서답] 물음과는 전혀 상관없는 엉뚱한 대답.

100. 山○○木 (,)

[산천초목] 산과 내와 풀과 나무라는 뜻으로, '자연'을 이르는 말.

한자실력급수 자격시험 준5급 연습문제 <2>

객관식 (1~30번)

※ [   ]안의 한자와 음(소리)이 같은 한자는?

1. [全]   ① 合   ② 八   ③ 電   ④ 入

2. [士]   ① 四   ② 金   ③ 十   ④ 夕

3. [場]   ① 石   ② 南   ③ 西   ④ 長

4. [午]   ① 川   ② 五   ③ 小   ④ 文

※ [   ]안의 한자의 뜻으로 알맞은 것은?

5. [物] ①노래   ②꿈   ③소   ④물건

6. [位] ①자리   ②서다   ③동물   ④하늘

7. [巾] ①아홉   ②열   ③수건   ④저자

8. [家] ①굴   ②집   ③돼지   ④어머니

9. [語] ①그리다 ②생각 ③듣다 ④말씀

10. [衣] ①학교   ②옷   ③별   ④구름

※ [   ]안의 한자와 뜻이 반대되거나 상대되는 한자는?

11. [左] ① 方   ② 右   ③ 夫   ④ 弟

12. [老] ① 外   ② 正   ③ 心   ④ 少

※ <보기>의 단어들과 가장 관련이 깊은 한자는?

13. | <보기> | 어제 | 오늘 | 내일 |

   ① 時   ② 主   ③ 江   ④ 力

14. | <보기> | 끼니 | 빵 | 떡 |

   ① 寸   ② 向   ③ 食   ④ 立

15. | <보기> | 입 | 코 | 눈 |

   ① 百   ② 面   ③ 生   ④ 手

※ [   ]안의 한자어의 독음(소리)으로 알맞은 것은?

16. [分銅] ① 분통 ② 분동 ③ 분강 ④ 분금

17. [資料] ① 자료 ② 재료 ③ 연료 ④ 유료

18. [聯想] ① 사상 ② 감상 ③ 상상 ④ 연상

19. [堆積] ① 성적 ② 방적 ③ 퇴적 ④ 축적

20. [固體] ① 기체 ② 고체 ③ 액체 ④ 유체

※ [　] 안의 한자어의 뜻으로 알맞은 것은?

21. [想像]
① 머릿속이나 마음속으로 그려 봄.
② 사물에 대한 구체적인 사고나 생각.
③ 예술 작품을 이해하여 즐기고 평가함.
④ 사람이나 동물의 형상으로 만든 기념물.

22. [液體]
① 일정한 모양과 부피가 있는 물질의 상태.
② 몸뚱이가 없음.
③ 몸과 마음의 형편.
④ 일정한 부피는 가졌으나 일정한 형태를 가지지 못한 물질.

23. [地層]
① 지각이 갑자기 흔들리며 움직이는 것.
② 암석이 층으로 쌓여 있는 것.
③ 하늘 아래 온 세상.
④ 마당처럼 편평하게 만든 지붕 위.

24. [化石]
① 달의 표면에 있는 돌.
② 빛깔과 광택이 아름다우며 희귀한 광물.
③ 지질 시대에 생존한 동식물이 퇴적암에 들어 있거나 그 흔적이 남아 있는 것
④ 꽃을 심은 동산.

25. [記事]
① 신문이나 잡지 따위에서, 어떠한 사실을 알리는 글.
② 목록이나 제목, 조항 따위의 차례.
③ 여러 가지 온갖 일.
④ 말이나 말씨.

※ [　] 안에 들어갈 한자어로 알맞은 것은?

26. 이 글을 읽고 각자의 [　]을 말해 보자.
① 感想　② 公共　③ 農村　④ 踏査

27. 선생님께서 아름다운 [　] 한 편을 낭송하셨습니다.
① 角　② 邊　③ 點　④ 詩

28. 개미의 생태를 [　]하여 기록하였다.
① 所得　② 觀察　③ 歷史　④ 年表

29. 그 작가는 전쟁을 [　](으)로 한 대작을 쓰고 있다.
① 流通　② 支出　③ 素材　④ 縮尺

30. 시험 감독관은 수험표의 사진과 응시자의 신분증 및 얼굴을 일일이 [　]하였다.
① 對照　② 預金　③ 主題　④ 販賣

한자실력급수 자격시험 준5급 연습문제 <2>

주관식 (31~100번)

※ 한자의 훈(뜻)과 음(소리)을 한글로 쓰시오.

31. 所 (   )

32. 前 (   )

33. 末 (   )

34. 姓 (   )

35. 耳 (   )

36. 里 (   )

37. 色 (   )

38. 合 (   )

39. 登 (   )

40. 來 (   )

※ 훈과 음에 맞는 한자를 <보기>에서 찾아 쓰시오.

<보기>	休 羊 玉 先 答 住 世 牛 平 邑

41. 구슬   옥 (   )

42. 살   주 (   )

43. 쉴   휴 (   )

44. 소   우 (   )

45. 고을   읍 (   )

46. 대답   답 (   )

47. 평평할 평 (   )

48. 먼저   선 (   )

49. 양   양 (   )

50. 세상   세 (   )

※ 한자어의 독음을 한글로 쓰시오.

51. 農事　（　　　　　）

52. 場所　（　　　　　）

53. 孝道　（　　　　　）

54. 午前　（　　　　　）

55. 手記　（　　　　　）

56. 向方　（　　　　　）

57. 本來　（　　　　　）

58. 南北　（　　　　　）

59. 國軍　（　　　　　）

60. 地下　（　　　　　）

61. 自足　（　　　　　）

62. 中立　（　　　　　）

63. 靑白　（　　　　　）

64. 植民　（　　　　　）

65. 入口　（　　　　　）

66. 萬一　（　　　　　）

67. 空氣　（　　　　　）

68. 內外　（　　　　　）

69. 火力　（　　　　　）

70. 草木　（　　　　　）

※ 〈보기〉의 뜻을 참고하여 ○안에 공통으로 들어갈 한자를 쓰시오.

71. (1) ○上　　(2) 先○　　（　　　　　）

〈보기〉	(1) 돌아간 어버이 위로 대대의 어른. (2) 먼 윗대의 조상.

72. (1) 休○　　(2) ○生　　（　　　　　）

〈보기〉	(1) 학교에 적을 둔 채 일정 기간 동안 학교를 쉬는 일. (2) 학교에 다니면서 공부하는 사람.

73. (1) ○室　　(2) ○育　　（　　　　　）

〈보기〉	(1) 유치원, 초등학교, 중·고등학교에서 학습 활동이 이루어지는 방. (2) 지식과 기술 따위를 가르치며 인격을 길러 줌.

한자실력급수 자격시험 준5급 연습문제 <2>

74. (1) ○力   (2) ○車   (   )

<보기>	(1) 말 한 마리의 힘에 해당하는 일의 양. (2) 말이 끄는 수레.

75. (1) 有○   (2) 姓○   (   )

<보기>	(1) 이름이 널리 알려져 있음. (2) 성과 이름을 아울러 이르는 말.

※ ○안에 공통으로 들어갈 한자를 <보기>에서 찾아 쓰시오.

<보기>	年	分	校	己	間

76. 民○   人○   空○   (   )

77. ○歌   登○   ○長   (   )

78. 每○   ○末   來○   (   )

※ 문장에서 잘못 쓴 한자를 바르게 고쳐 쓰시오. (단, 음이 같은 한자로 고칠 것)

79. 친구와 싸웠으니 이제 선생님을 뵐 面木이 없습니다.   (→   )

80. 옆 반과 合洞으로 운동회 응원 준비를 하였습니다.   (→   )

※ [   ]안의 단어를 한자로 쓰시오.

81. 친구가 아파서 병 [문안]을 가기로 했습니다.   (   )

82. 성당에서 세례를 받을 때는 [대모]를 세운다.   (   )

83. 이번의 대지진은 세계[고금]을 통틀어 가장 큰 사고라 할 수 있을 만큼 엄청난 피해를 가져왔다.   (   )

※ [   ]안의 한자어 독음을 한글로 쓰시오.

84. 말로만 하는 것이 아니라 몸소 [實踐]하는 것이 중요하다.   (   )

85. 초등학교 아이들이 서로 힘을 모아 직접 각본을 쓰고 무대 장치, [音樂], 출연, 감독을 모두 맡아서 한다.   (   )

86. 다음 주 토요일 오후에 학교 운동장에서 야구를 하기로 친구들과 [約束]했습니다.   (   )

87. 남에게 친절하게 대하고 [讓步]하면 온 사회가 밝아질 것입니다.   (   )

88. 인터넷상에서도 반드시 지켜야 할 최소한의 [禮節]이 있습니다. (　　　　)

89. 교통[秩序]에 대한 의식을 철저히 가지고 지킬 때, 교통사고로 인한 불행을 줄일 수 있다. (　　　　)

90. 그녀는 리듬 [體操] 국가대표 선수이다. (　　　　)

91. 다른 사람에 대한 [偏見]에서 벗어나도록 노력하자. (　　　　)

92. 그는 막내딸이 연주하는 가야금 소리를 듣는 것이 가장 [幸福]했다. (　　　　)

93. 냄비의 손잡이에는 열을 잘 전달하지 않는 [不導體]인 나무나 플라스틱을 사용한다. (　　　　)

94. 화력 발전소가 연료 [電池] 발전소로 대체될 전망이다. (　　　　)

95. 깊은 산사에서 들리는 산새들 소리와 개울의 물소리가 [和音]을 이루어 아름다운 음악처럼 들렸다. (　　　　)

96. 천릿길도 한 걸음부터라는 [俗談]처럼, 하나하나 차근차근 풀어가자. (　　　　)

97. 그는 인용한 [文段] 중에서 중요하다고 생각한 부분을 붉은색으로 표시했다. (　　　　)

98. 이번 세계 [博覽會]에서는 우리나라의 전자 기술의 우수성이 돋보였다. (　　　　)

※ 한자성어의 설명을 읽고 ○ 안에 들어갈 한자를 차례대로 쓰시오.

99. 一○○金　　　(　　,　　)

[일자천금] 글자 하나의 값이 천금의 가치가 있다는 뜻으로, 글씨나 문장이 아주 훌륭함을 이르는 말.

100. 人○人○　　　(　　,　　)

[인산인해] 사람이 산을 이루고 바다를 이루었다는 뜻으로, 사람이 수없이 많이 모인 상태를 이르는 말.

한자실력급수 자격시험 준5급 연습문제 <3>

객관식 (1~30번)

※ [   ]안의 한자와 음(소리)이 같은 한자는?

1. [今]   ① 衣   ② 農   ③ 室   ④ 金

2. [四]   ① 土   ② 事   ③ 西   ④ 十

3. [所]   ① 南   ② 千   ③ 小   ④ 內

4. [字]   ① 子   ② 名   ③ 方   ④ 夫

※ [   ]안의 한자의 뜻으로 알맞은 것은?

5. [左] ①풀   ②돌   ③왼쪽   ④오른쪽

6. [色] ①빛   ②고을   ③몸   ④뱀

7. [姓] ①크다   ②키우다   ③여자   ④성씨

8. [歌] ①하품   ②노래   ③뛰다   ④잠자다

9. [每] ①매양   ②바다   ③해   ④어머니

10. [少] ①모래   ②많다   ③적다   ④늙다

※ [   ]안의 한자와 뜻이 반대되거나 상대되는 한자는?

11. [問]   ① 同   ② 東   ③ 答   ④ 北

12. [古]   ① 夕   ② 外   ③ 正   ④ 今

※ <보기>의 단어들과 가장 관련이 깊은 한자는?

13. | <보기> | 대포 | 총 | 대장 |
    |---|---|---|---|

    ① 軍   ② 弟   ③ 主   ④ 靑

14. | <보기> | 트럭 | 버스 | 택시 |
    |---|---|---|---|

    ① 寸   ② 向   ③ 車   ④ 江

15. | <보기> | 일기 | 편지 | 독후감 |
    |---|---|---|---|

    ① 百   ② 文   ③ 金   ④ 力

※ [   ] 안의 한자어의 독음(소리)으로 알맞은 것은?

16. [歷史] ① 국사   ② 역사   ③ 정사   ④ 어사

17. [約束] ① 약속   ② 약관   ③ 약동   ④ 약혼

18. [和音] ① 축음   ② 고음   ③ 추음   ④ 화음

19. [便紙] ① 갱지   ② 편지   ③ 경지   ④ 휴지

20. [支出] ① 구출   ② 토출   ③ 지출   ④ 기출

※ [   ] 안의 한자어의 뜻으로 알맞은 것은?

21. [都市]
① 인구가 많고, 정치·경제·문화의 중심이 되는 곳.
② 자기가 태어나서 자란 곳.
③ 날마다 아침저녁으로 반찬거리를 파는 작은 규모의 시장.
④ 물건을 낱개로 삼.

22. [對照]
① 의견이나 처지, 속성 따위가 서로 반대되거나 모순됨.
② 광선으로 밝게 비춤.
③ 무엇을 밝히거나 찾아내기 위하여 빛을 멀리 비춤.
④ 둘 이상인 대상의 내용을 맞대어 같고 다름을 검토함.

23. [詩]
① 차례가 정하여진 시각을 이르는 말.
② 일정한 전례, 표준 또는 규정.
③ 옳거나 맞는 것.
④ 정서를 운율을 지닌 언어로 표현한 문학.

24. [電池]
① 전력을 공급받아 지상에 설치된 궤도 위를 다니는 차.
② 화학적인 반응으로 전류를 일으키는 장치.
③ 싸움을 치르는 장소.
④ 공중 전기의 방전이 일어나 번쩍이는 불꽃.

25. [博物館]
① 학문, 예술, 과학, 기술, 교육 따위의 분야에서 가장 권위 있는 연구 기관을 비유적으로 이르는 말.
② 생산물의 개량·발전 및 산업의 진흥을 꾀하기 위하여 농업, 상업, 공업 따위에 관한 온갖 물품을 모아 벌여 놓고 판매, 선전, 우열 심사를 하는 전람회.
③ 고고학적 자료, 역사적 유물, 예술품, 그 밖의 학술 자료를 수집·보존·진열하고 일반에게 전시하여 학술 연구와 사회 교육에 기여할 목적으로 만든 시설.
④ 미술품을 전시하는 시설.

※ [   ] 안에 들어갈 한자어로 알맞은 것은?

26. 그는 할머니에게 자리를 [   ]했다.
① 堆積 ② 資料 ③ 實踐 ④ 讓步

27. 물, 알코올, 식용유 중에서 가장 먼저 증발하는 [   ]은/는 어느 것입니까?
① 聯想 ② 液體 ③ 秩序 ④ 地圖

28. 물고기 [   ]이/가 산에서 발견되기도 합니다.
① 化石 ② 俗談 ③ 幸福 ④ 踏査

29. 어떤 일에 [   ]을 갖고 있으면 그 일을 그르치기 쉽다.
① 選擇 ② 素材 ③ 偏見 ④ 觀察

30. 우리는 축구를 하기 전에 맨손 [   ](으)로 몸을 풀었다.
① 體操 ② 經濟 ③ 記事 ④ 反省

한자실력급수 자격시험 준5급 연습문제 <3>

주관식 (31~100번)

※ 한자의 훈(뜻)과 음(소리)을 한글로 쓰시오.

31. 牛 (   )

32. 合 (   )

33. 羊 (   )

34. 育 (   )

35. 祖 (   )

36. 面 (   )

37. 草 (   )

38. 有 (   )

39. 里 (   )

40. 先 (   )

※ 훈과 음에 맞는 한자를 <보기>에서 찾아 쓰시오.

<보기>	市 手 萬 世 馬 全 休 大 洞 民

41. 골   동   (   )

42. 온전할   전   (   )

43. 저자   시   (   )

44. 세상   세   (   )

45. 백성   민   (   )

46. 일만   만   (   )

47. 큰   대   (   )

48. 말   마   (   )

49. 쉴   휴   (   )

50. 손   수   (   )

※ 한자어의 독음을 한글로 쓰시오.

51. 不時　（　　　　）

52. 上位　（　　　　）

53. 敎室　（　　　　）

54. 山林　（　　　　）

55. 玉石　（　　　　）

56. 午前　（　　　　）

57. 登山　（　　　　）

58. 祖父　（　　　　）

59. 本末　（　　　　）

60. 中立國　（　　　　）

61. 自己　（　　　　）

62. 語文　（　　　　）

63. 分母　（　　　　）

64. 同門　（　　　　）

65. 平安　（　　　　）

66. 漢江　（　　　　）

67. 代入　（　　　　）

68. 方向　（　　　　）

69. 來年　（　　　　）

70. 海女　（　　　　）

※ 〈보기〉의 뜻을 참고하여 ○안에 공통으로 들어갈 한자를 쓰시오.

71. (1) 下○　(2) ○門　（　　　　）

〈보기〉	(1) 공부를 끝내고 학교에서 집으로 돌아옴. (2) 학교의 문.

72. (1) 民○　(2) 國○　（　　　　）

〈보기〉	(1) 일반 백성들이 사는 집. (2) 일정한 영토를 보유하며, 거기 사는 사람들로 구성되고, 주권을 가진 집단

73. (1) 入○　(2) ○所　（　　　　）

〈보기〉	(1) 식장이나 경기장 따위의 안으로 들어감. (2) 어떤 일이 이루어지거나 일어나는 곳.

한자실력급수 자격시험 준5급 연습문제 <3>

74. (1) ○口 (2) 韓○ (   )

<보기>
(1) 한 집에서 함께 살면서 끼니를 같이하는 사람.
(2) 우리나라 고유의 음식이나 식사.

75. (1) 孝○ (2) 人○ (   )

<보기>
(1) 부모를 잘 섬기는 도리.
(2) 보행자의 통행에 사용하도록 된 도로.

※ ○안에 공통으로 들어갈 한자를 <보기>에서 찾아 쓰시오.

| <보기> | 物 | 足 | 氣 | 兄 | 學 |

76. 生○   ○力   電○   (   )

77. 萬○   ○心   事○   (   )

78. ○年   大○   ○間   (   )

※ 문장에서 잘못 쓴 한자를 바르게 고쳐 쓰시오. (단, 음이 같은 한자로 고칠 것)

79. 어머니께서는 市長에서 장사하신다.
(→ 　　)

80. 이사를 하니 主所가 바뀌었다.
(→ 　　)

※ [   ]안의 단어를 한자로 쓰시오.

81. 4월 5일은 [식목일]이다
(　　　　　　)

82. 다음 달 보름에 [읍내] 장터에서 만나기로 했다. (　　　　　　)

83. 소파를 놓기에는 [공간]이 비좁다.
(　　　　　　)

※ [   ]안의 한자어 독음을 한글로 쓰시오.

84. 이번에 발견된 유물은 전문가들의 감정 결과 [國寶]로 지정될 예정이다.
(　　　　　　)

85. 우리 모임의 발전을 위해서 진지하고도 자유로운 질문과 [討論]이 이루어져야 한다.
(　　　　　　)

86. [農村]은 지역마다 특산물이 있는데 우리 고장은 고추가 유명하다.
(　　　　　　)

87. 농수산물 가격은 [流通] 단계에 따라 달라질 수 있다. (　　　　　　)

88. [不導體]는 '절연체'라고도 하는데 유리, 자기 등이 있다. (   )

89. [求愛行動]은 동물 종류마다 다르다.
(   )

90. 추석에는 온 [家族]이 둘러앉아 송편을 빚고 윷놀이도 했다. (   )

91. 직각 삼각형은 반드시 한 [角]이 구십 도가 되어야 한다. (   )

92. 지도에는 [縮尺]과 방위가 표시되어 있다.
(   )

93. 한꺼번에 많이 살 때는 도매로 [販賣]하는 곳을 찾아가면 싸게 살 수 있다.
(   )

94. 우리나라는 예로부터 인간관계에서 [禮節]을 중시해 왔다. (   )

95. 경찰은 [公共]의 안녕질서를 유지하기 위해 노력한다. (   )

96. 나는 여행을 하면서 보고 느낀 [感想]을 글로 적었다. (   )

97. 시의 [主題]는 그대로 드러나 있는 경우도 있지만 꼼꼼하게 읽어야 알 수 있는 경우가 많습니다. (   )

98. 노동력을 절감하고 [所得]을 증대할 수 있는 새로운 농법을 연구하고 있다.
(   )

※ 한자성어의 설명을 읽고 ○ 안에 들어갈 한자를 차례대로 쓰시오.

99. ○○工商 (,   )

[사농공상] 예전에, 백성을 나누던 네 가지 계급. 선비, 농부, 장인, 상인을 이르던 말이다.

100. ○○口鼻 (,   )

[이목구비] 귀·눈·입·코를 아울러 이르는 말. 또는 귀·눈·입·코를 중심으로 한 얼굴의 생김새.

한자실력급수 자격시험 준5급 연습문제 <4>

객관식 (1~30번)

※ [   ] 안의 한자와 음(소리)이 같은 한자는?

1. [前] ① 全 ② 敎 ③ 巾 ④ 大

2. [韓] ① 農 ② 校 ③ 間 ④ 漢

3. [子] ① 男 ② 自 ③ 左 ④ 國

4. [耳] ① 民 ② 不 ③ 二 ④ 邑

※ [   ] 안의 한자의 뜻으로 알맞은 것은?

5. [氣] ① 곡식 ② 기운 ③ 번개 ④ 하늘

6. [玉] ① 구슬 ② 임금 ③ 흙 ④ 열

7. [位] ① 마을 ② 눕다 ③ 자리 ④ 서다

8. [今] ① 어제 ② 이제 ③ 아직 ④ 이미

9. [老] ① 효도 ② 늙다 ③ 젊다 ④ 학교

10. [士] ① 흙 ② 밭 ③ 선비 ④ 고을

※ [   ] 안의 한자와 뜻이 반대되거나 상대되는 한자는?

11. [地] ① 平 ② 天 ③ 同 ④ 方

12. [外] ① 大 ② 夕 ③ 內 ④ 出

※ <보기>의 단어들과 가장 관련이 깊은 한자는?

13. | <보기> | 독고 | 황보 | 남궁 |

① 工   ② 力   ③ 江   ④ 姓

14. | <보기> | 강원 | 제주 | 경기 |

① 道   ② 立   ③ 目   ④ 石

15. | <보기> | 치마 | 저고리 | 바지 |

① 手   ② 心   ③ 衣   ④ 兄

※ [   ] 안의 한자어의 독음(소리)으로 알맞은 것은?

16. [液體] ① 유체 ② 고체 ③ 기체 ④ 액체

17. [堆積] ① 퇴적 ② 방적 ③ 면적 ④ 노적

18. [感想] ① 연상 ② 감상 ③ 상상 ④ 수상

19. [選擇] ① 은택 ② 채택 ③ 선택 ④ 간택

20. [國寶] ① 국채 ② 국보 ③ 국력 ④ 국정

※ [   ] 안의 한자어의 뜻으로 알맞은 것은?

21. [帶分數]
① 사물을 분별하는 지혜.
② 자기 신분에 맞는 한도.
③ 정수와 진분수의 합으로 이루어진 수.
④ 서로 다른 일이나 사물을 구별하여 가름.

22. [縮尺]
① 사실보다 지나치게 불려서 나타냄.
② 조그만 양보로 큰 이득을 얻음.
③ 아주 가까운 거리.
④ 지도에서의 거리와 지표에서의 실제 거리와의 비율.

23. [實踐]
① 생각한 바를 실제로 행함.
② 재능이나 실력 따위를 일정한 절차에 따라 검사하고 평가하는 일.
③ 위험을 무릅쓰고 어떠한 일을 함. 또는 그 일.
④ 새로운 방법이나 형식을 사용해 봄.

24. [禮節]
① 규칙적으로 되풀이되는 자연 현상에 따라서 일 년을 구분한 것.
② 예의에 관한 모든 절차나 질서.
③ 신념, 신의 따위를 굽히지 아니하고 굳게 지키는 꿋꿋한 태도.
④ 원칙과 신념을 굽히지 아니하고 끝까지 지켜 나가는 꿋꿋한 의지.

25. [踏査]
① 현장에 가서 직접 보고 조사함.
② 식장에서 환영사나 환송사 따위에 답함.
③ 문제의 해답을 쓰는 종이.
④ 인류 사회의 변천과 흥망의 과정.

※ [   ] 안에 들어갈 한자어로 알맞은 것은?

26. 사람들은 [   ]에 저축을 한다.
① 歷史   ② 銀行   ③ 秩序   ④ 反省

27. 우리나라 국민은 자유로운 [   ]활동을 통해 돈을 번다.
① 經濟   ② 文段   ③ 讓步   ④ 俗談

28. 창업 [   ]에 가면 창업에 대한 여러 가지 정보를 얻을 수 있다.
① 觀光客   ② 等高線
③ 博覽會   ④ 不導體

29. 그 사람은 [   ]이/가 풍부하다.
① 都市   ② 公共   ③ 流通   ④ 話題

30. 겨울을 생각하면 눈사람, 고드름, 썰매 등이 [   ]된다.
① 固體   ② 聯想   ③ 預金   ④ 約束

한자실력급수 자격시험 준5급 연습문제 <4>

주관식 (31~100번)

※ 한자의 훈(뜻)과 음(소리)을 한글로 쓰시오.

31. 記 (   )

32. 右 (   )

33. 長 (   )

34. 末 (   )

35. 古 (   )

36. 室 (   )

37. 己 (   )

38. 少 (   )

39. 代 (   )

40. 空 (   )

※ 훈과 음에 맞는 한자를 <보기>에서 찾아 쓰시오.

<보기> | 洞 午 里 牛 林 孝 植 住 合 育

41. 수풀   림 (   )

42. 골   동 (   )

43. 심을   식 (   )

44. 소   우 (   )

45. 기를   육 (   )

46. 살   주 (   )

47. 마을   리 (   )

48. 효도   효 (   )

49. 낮   오 (   )

50. 합할   합 (   )

※ 한자어의 독음을 한글로 쓰시오.

51. 上衣　　(　　　　　)

52. 立地　　(　　　　　)

53. 向方　　(　　　　　)

54. 大海　　(　　　　　)

55. 祖國　　(　　　　　)

56. 日氣　　(　　　　　)

57. 正答　　(　　　　　)

58. 夕食　　(　　　　　)

59. 有名　　(　　　　　)

60. 時代　　(　　　　　)

61. 先生　　(　　　　　)

62. 手巾　　(　　　　　)

63. 邑內　　(　　　　　)

64. 敎室　　(　　　　　)

65. 古物　　(　　　　　)

66. 草家　　(　　　　　)

67. 空軍　　(　　　　　)

68. 人間　　(　　　　　)

69. 農土　　(　　　　　)

70. 校門　　(　　　　　)

※ 〈보기〉의 뜻을 참고하여 ○안에 공통으로 들어갈 한자를 쓰시오.

71. (1) 不○　　(2) ○心　　(　　　　　)

〈보기〉	(1) 마음이 편하지 아니하고 조마조마 함. (2) 모든 걱정을 떨쳐 버리고 마음을 편히 가짐.

72. (1) ○日　　(2) ○年　　(　　　　　)

〈보기〉	(1) 오늘의 바로 다음 날. 다가올 앞날. (2) 올해의 바로 다음 해.

73. (1) 萬○　　(2) ○物　　(　　　　　)

〈보기〉	(1) 여러 가지 온갖 일. (2) 일과 물건을 아울러 이르는 말.

한자실력급수 자격시험 준5급 연습문제 <4>

74. (1) ○問   (2) 休○   (   )

<보기>	(1) 어떤 분야를 체계적으로 배워서 익힘. 또는 그런 지식. (2) 학교에 적을 둔 채 일정 기간 동안 학교를 쉬는 일.

75. (1) 場○   (2) ○有   (   )

<보기>	(1) 어떤 일이 이루어지거나 일어나는 곳 (2) 가지고 있음. 또는 그 물건.

※ ○ 안에 공통으로 들어갈 한자를 <보기>에서 찾아 쓰시오.

<보기>	登	世	平	食	每

76. ○場   ○山   ○校   (   )

77. ○年   ○事   ○日   (   )

78. 出○   ○上   ○代   (   )

※ 문장에서 잘못 쓴 한자를 바르게 고쳐 쓰시오. (단, 음이 같은 한자로 고칠 것)

79. 한글은 표음問字이다.

(→   )

80. 그는 場男이다.

(→   )

※ [   ]안의 단어를 한자로 쓰시오.

81. 문장을 해석할 때는 [주어]를 먼저 찾아라.

(   )

82. 저분이 부장님 [부인]이십니다.

(   )

83. 그 악당은 [본색]을 드러냈다.

(   )

※ [   ]안의 한자어 독음을 한글로 쓰시오.

84. 우리는 누구나 [幸福]하기를 바란다.

(   )

85. 사람을 대할 때 [偏見]을 갖고 보면 제대로 그 사람을 알 수가 없다.

(   )

86. 맨손 [體操]는 어디서나 쉽게 할 수 있다.

(   )

87. 그 합창단은 무척 아름다운 [和音]으로 그 곡을 불렀다.   (   )

88. [韓半島]는 사계절이 뚜렷하다.
(　　　　)

89. 가족과 함께 [博物館]에 다녀왔다.
(　　　　)

90. 헌법은 국회의 의결을 거쳐 국민 [投票]로 개정된다. (　　　　)

91. 이번 가족 여행에서는 계획보다 많은 경비가 [支出]되었다. (　　　　)

92. 우리나라 1인당 국민 [所得]은 10년 전에 비해 많이 증가했다. (　　　　)

93. 대다수의 [化石]은 오랜 세월 동안 땅속에 묻혀 있었기 때문에 단단하다.
(　　　　)

94. [分銅]을 사용하여 물체의 무게를 잴 수 있다. (　　　　)

95. 현미경의 발명은 육안으로 [觀察]하기 어려운 미세 세포를 연구하는 데 커다란 공헌을 하였다. (　　　　)

96. 오늘 신문에 실린 그 [記事]는 너무 충격적이었다. (　　　　)

97. 그 문제에 대해 시민들은 열띤 [討論]을 벌였다. (　　　　)

98. 이 상점에서는 살림살이에 필요한 실용품을 싸게 [販賣]하다. (　　　　)

※ 한자성어의 설명을 읽고 ○안에 들어갈 한자를 차례대로 쓰시오.

99. 四○楚○　　　(　　,　　)

[사면초가] 아무에게도 도움을 받지 못하는, 외롭고 곤란한 지경에 빠진 형편을 이르는 말.

100. ○○石火　　　(　　,　　)

[전광석화] 번갯불이나 부싯돌의 불이 번쩍거리는 것과 같이 매우 짧은 시간이나 매우 재빠른 움직임 따위를 비유적으로 이르는 말.

한자실력급수 자격시험 준5급 연습문제 <5>

객관식 (1~30번)

※ [ ]안의 한자와 음(소리)이 같은 한자는?

1. [大]   ① 代   ② 金   ③ 男   ④ 小

2. [家]   ① 百   ② 石   ③ 歌   ④ 江

3. [時]   ① 手   ② 入   ③ 足   ④ 市

4. [右]   ① 千   ② 牛   ③ 兄   ④ 九

※ [ ]안의 한자의 뜻으로 알맞은 것은?

5. [長]   ① 짧다   ② 적다   ③ 많다   ④ 길다

6. [色]   ① 몸   ② 빛   ③ 고을   ④ 달

7. [前]   ① 앞   ② 아래   ③ 뒤   ④ 나중

8. [車]   ① 밭   ② 군사   ③ 수레   ④ 농사

9. [每]   ① 바다   ② 매양   ③ 어머니   ④ 없다

10. [左]   ① 뿔   ② 돌   ③ 오른쪽   ④ 왼쪽

※ [ ]안의 한자와 뜻이 반대되거나 상대되는 한자는?

11. [問]   ① 母   ② 口   ③ 父   ④ 答

12. [末]   ① 木   ② 本   ③ 白   ④ 山

※ <보기>의 단어들과 가장 관련이 깊은 한자는?

13. | <보기> | 지붕 | 기둥 | 창문 |

    ① 正   ② 西   ③ 室   ④ 孝

14. | <보기> | 귀고리 | 귀마개 | 보청기 |

    ① 耳   ② 東   ③ 來   ④ 立

15. | <보기> | 한국어 | 독일어 | 영어 |

    ① 林   ② 語   ③ 電   ④ 植

※ [ ]안의 한자어의 독음(소리)으로 알맞은 것은?

16. [文段]   ① 문화   ② 문맥   ③ 문단   ④ 문장

17. [分銅]   ① 분은   ② 분강   ③ 분자   ④ 분동

18. [電池]   ① 전지   ② 전기   ③ 전구   ④ 전압

19. [經濟]   ① 경상   ② 경제   ③ 경재   ④ 경영

20. [農村]   ① 산촌   ② 광촌   ③ 어촌   ④ 농촌

※ [ ] 안의 한자어의 뜻으로 알맞은 것은?

21. [公共]
① 음악, 무용, 연극 따위를 많은 사람 앞에서 보이는 일.
② 아무것도 없는 빈 곳.
③ 국가나 사회의 구성원에게 두루 관계되는 것.
④ 현실적이지 못하거나 실현될 가망이 없는 것을 막연히 그리어 봄. 또는 그런 생각.

22. [角]
① 소수의 소수점을 이르는 말.
② 사물의 겉으로 드러난 쪽의 평평한 바닥.
③ 그어 놓은 금이나 줄.
④ 면과 면이 만나 이루어지는 모서리.

23. [都市]
① 물건을 낱개로 사지 않고 모개로 삼.
② 일정한 지역의 정치·경제·문화의 중심이 되는, 사람이 많이 사는 지역
③ 뱃길 또는 물길.
④ 빗물이나 집, 공장, 병원 따위에서 쓰고 버리는 더러운 물이 흘러가도록 만든 설비.

24. [選擇]
① 선거권을 가진 사람이 공직에 임할 사람을 투표로 뽑는 일.
② 선거를 하거나 가부를 결정할 때에 투표용지에 의사를 표시하여 일정한 곳에 내는 일.
③ 은혜와 덕택을 아울러 이르는 말.
④ 여럿 가운데서 필요한 것을 골라 뽑음.

25. [素材]
① 주요 건물이나 기관 따위가 자리 잡고 있는 곳.
② 어떤 것을 만드는 데 바탕이 되는 재료.
③ 건축이나 가구 따위에 쓰는, 나무로 된 재료.
④ 하얗게 차려입은 옷.

※ [ ] 안에 들어갈 한자어로 알맞은 것은?

26. 농수산물 가격은 [ ]단계에 따라 달라질 수 있다.
① 流通 ② 和音 ③ 化石 ④ 國寶

27. 사람들은 은행에 [ ]을/를 하고 현금이 필요할 때 찾아 쓴다.
① 體操 ② 偏見 ③ 實踐 ④ 預金

28. 현명한 [ ](으)로 가정 살림을 짜임새 있게 할 수 있다.
① 縮尺 ② 支出 ③ 討論 ④ 感想

29. [ ]을/를 하지 않는 것은 국민의 권리를 포기하는 것이다.
① 堆積 ② 幸福 ③ 投票 ④ 觀察

30. 도매로 [ ]하는 상점에 가면 좀 더 싸게 살 수 있다.
① 販賣 ② 銀行 ③ 對照 ④ 約束

한자실력급수 자격시험 준5급 연습문제 〈5〉

주관식 (31~100번)

※ 한자의 훈(뜻)과 음(소리)을 한글로 쓰시오.

31. 全 (   )

32. 安 (   )

33. 休 (   )

34. 方 (   )

35. 玉 (   )

36. 先 (   )

37. 電 (   )

38. 育 (   )

39. 北 (   )

40. 軍 (   )

※ 훈과 음에 맞는 한자를 〈보기〉에서 찾아 쓰시오.

〈보기〉	內 羊 靑 平 外 夫 邑 向 間 住

41. 사이   간   (   )

42. 평평할   평   (   )

43. 고을   읍   (   )

44. 안   내   (   )

45. 지아비   부   (   )

46. 살   주   (   )

47. 푸를   청   (   )

48. 향할   향   (   )

49. 바깥   외   (   )

50. 양   양   (   )

※ 한자어의 독음을 한글로 쓰시오.

51. 日記　　(　　　　　)

52. 手巾　　(　　　　　)

53. 年末　　(　　　　　)

54. 國立　　(　　　　　)

55. 出馬　　(　　　　　)

56. 山林　　(　　　　　)

57. 平安　　(　　　　　)

58. 合同　　(　　　　　)

59. 電力　　(　　　　　)

60. 文字　　(　　　　　)

61. 自己　　(　　　　　)

62. 登山　　(　　　　　)

63. 人間　　(　　　　　)

64. 孝道　　(　　　　　)

65. 王室　　(　　　　　)

66. 來世　　(　　　　　)

67. 海水　　(　　　　　)

68. 植物　　(　　　　　)

69. 民草　　(　　　　　)

70. 空氣　　(　　　　　)

※ 〈보기〉의 뜻을 참고하여 ○안에 공통으로 들어갈 한자를 쓰시오.

71. (1) 正○　 (2) ○前　　(　　　　　)

〈보기〉	(1) 낮 열두 시. (2) 해가 뜰 때부터 정오까지의 시간.

72. (1) ○長　 (2) 洞○　　(　　　　　)

〈보기〉	(1) 행정 구역의 단위인 '이'를 대표하여 일을 맡아보는 사람. (2) 주로 시골에서, 여러 집이 모여 사는 곳.

73. (1) 平○　 (2) ○位　　(　　　　　)

〈보기〉	(1) 바닥이 편편한 땅. (2) 개인의 사회적 신분에 따르는 위치나 자리.

한자실력급수 자격시험 준5급 연습문제 <5>

74. (1) ○土   (2) 祖○   (   )

<보기>	(1) 나라의 땅. 한 나라의 통치권이 미치는 지역을 이른다. (2) 조상 때부터 대대로 살던 나라

75. (1) ○育   (2) ○主   (   )

<보기>	(1) 지식과 기술 따위를 가르치며 인격을 길러 줌. (2) 한 종교 단체의 우두머리.

※ ○ 안에 공통으로 들어갈 한자를 <보기>에서 찾아 쓰시오.

<보기>	農	寸	不	工	學

76. ○安   ○足   ○時   (   )

77. ○事   ○土   ○民   (   )

78. ○間   入○   ○校   (   )

※ 문장에서 잘못 쓴 한자를 바르게 고쳐 쓰시오.
(단, 음이 같은 한자로 고칠 것)

79. 食土하기 전에 꼭 손을 깨끗이 씻으세요.
(→   )

80. 우리나라의 정식 국호는 大漢民國이다.
(→   )

※ [   ]안의 단어를 한자로 쓰시오.

81. 자기의 [성명]은 한자로 쓸 줄 알아야 합니다.   (   )

82. 서울은 세계적인 도시의 [면목]을 지녔다.   (   )

83. 그는 항상 약속 [장소]에 먼저 도착하여 상대를 기다린다.   (   )

※ [   ]안의 한자어 독음을 한글로 쓰시오.

84. 우리는 신라의 도읍지였던 경주로 [踏査] 여행을 떠났다.   (   )

85. 지도에서는 땅의 높낮이를 [等高線]과 색깔로 나타낸다.   (   )

86. 우리는 [文化財]를 잘 보존하여 후손에게 물려 주어야 한다.   (   )

87. [博物館] 입장 요금은 소인과 대인이 다르다.   (   )

88. 우리는 [歷史]를 통해 조상들의 지혜를 배울 수 있다.   (   )

89. 우리 고장의 변화 과정을 조사하여 [年表]로 작성했다. (　　　　)

90. [地圖]에는 축척과 방위가 표시되어 있다. (　　　　)

91. 일요일 오후에 우리 [家族]은 집 근처에 있는 공원에 간다. (　　　　)

92. 일기를 쓰면서 그날의 일과를 [反省]한다. (　　　　)

93. 사람들이 달을 바라보며 [聯想]하는 것은 같지 않다. (　　　　)

94. 이 시의 [主題]는 꼼꼼하게 읽어야 알 수 있겠다. (　　　　)

95. 노약자에게 자리를 [讓步]하는 것은 우리 사회의 미덕이다. (　　　　)

96. 그 향교는 내달부터 연말까지 매주 2시간씩 우리나라 전통 [禮節] 문화 교육 강좌를 개설한다. (　　　　)

97. 그 계곡은 여름에 시원하면서 경관이 아름다워 [觀光客]과 등산객이 많이 찾는 곳이다. (　　　　)

98. 한여름에 매미가 시끄럽게 울거나 개구리가 우는 것도 [求愛行動]의 일종이다. (　　　　)

※ 한자성어의 설명을 읽고 ○ 안에 들어갈 한자를 차례대로 쓰시오.

99. 男女○○　　　(　　,　　)

[남녀노소] 남자와 여자, 늙은이와 젊은이란 뜻으로, 모든 사람을 이르는 말.

100. 東西○○　　　(　　,　　)

[동서고금] 동양과 서양, 옛날과 지금을 통틀어 이르는 말.

기출문제 1회

한자 자격시험

※ 정답은 별도 배부한 OCR답안지에 작성함

급 수	준5급		
문항수	100	객관식	30
		주관식	70
시험시간	60분		

성 명	
수험번호	_ _ _

수험생 유의사항

1. 수험표에 표기된 응시급수와 문제지의 급수가 같은지 확인하시오.
2. 답안지에 **성명, 수험번호, 생년월일**을 정확하게 표기하시오.
3. 답안지의 주·객관식 답안란에는 검정색펜을 사용하시오.
4. 답안지의 **객관식 답안의 수정은 수정테이프** 만을 사용하시오.
5. 답안지의 주관식 답안의 수정은 두 줄로 긋고 다시 작성하시오.
6. 수험생의 잘못으로 인해 **답안지에 이물질이 묻거나, 객관식 답안에 복수로 표기할 경우 오답으로 처리**되니 주의하시오.
7. 감독관의 지시가 있을 때까지 문제를 풀지 마시오.
8. 시험 종료 후에는 필기도구를 내려놓고 감독관의 지시를 따르시오.

한자실력급수 자격시험 준5급 기출문제 〈1〉

객관식 (1~30번)

※ [　　] 안의 한자와 음(소리)이 같은 한자는?
1. [前] ① 合 ② 分 ③ 全 ④ 時
2. [洞] ① 休 ② 東 ③ 敎 ④ 室
3. [代] ① 大 ② 所 ③ 記 ④ 事
4. [長] ① 物 ② 軍 ③ 場 ④ 登

※ [　　] 안의 한자의 뜻으로 알맞은 것은?
5. [玉] ①임금 ②구슬 ③수건 ④사내
6. [末] ①끝 ②배 ③안 ④몸
7. [每] ①바다 ②어미 ③매양 ④오직
8. [答] ①세상 ②동녘 ③군사 ④대답
9. [先] ①먼저 ②글자 ③화살 ④번개
10. [學] ① 나누다　② 배우다
　　　　③ 말하다　④ 합하다

※ [　　]안의 한자와 뜻이 반대되거나 상대되는 한자는?
11. [古] ① 林 ② 語 ③ 有 ④ 今
12. [右] ① 左 ② 萬 ③ 地 ④ 車

※ 〈보기〉의 단어들과 가장 관련이 깊은 한자는?
13. 〈보기〉 눈　코　입
　　① 食　② 市　③ 面　④ 韓
14. 〈보기〉 쑥　잔디　민들레
　　① 耳　② 國　③ 孝　④ 草
15. 〈보기〉 김씨　박씨　이씨
　　① 姓　② 馬　③ 來　④ 不

※ [　　] 안의 한자어의 독음(소리)으로 알맞은 것은?
16. [詩] ①새 ②사 ③서 ④시
17. [堆積] ①퇴책 ②퇴적 ③추적 ④추책
18. [幸福] ①행복 ②행부 ③신복 ④신부
19. [流通] ①류종 ②유용 ③류송 ④유통
20. [電池] ①전야 ②전지 ③뇌지 ④뇌야

※ [　　] 안의 한자어의 뜻으로 알맞은 것은?
21. [音樂]
　① 매우 드물고 적음.
　② 휴식을 취하거나 건강을 위해서 천천히 걷는 일.
　③ 박자·가락·음색·화성 등을 갖가지 형식으로 조합하여 목소리나 악기로 표현하는 예술.
　④ 어떤 낱말을 모아서 일정한 순서로 배열하여 싣고 그 각각의 발음, 의미, 어원, 용법 따위를 해설한 책.
22. [秩序]
　① 사물·행동 등의 순서나 차례.
　② 잘라서 동강이 나게 끊음.
　③ 같은 핏줄에 의하여 연결된 인연.
　④ 한 집단의 지배층 계급에 속하는 사람이 죽었을 때 그 사람의 뒤를 따라 산 사람을 함께 묻던 일.
23. [縮尺]
　① 나라에서 지정하여 법률로 보호하는 문화재.
　② 지도 등을 실물보다 작게 줄여 그릴 때, 그 축소한 정도.
　③ 둘 이상의 것을 견주어 차이·우열·공통점 등을 살피는 것.
　④ 원칙과 신념을 굽히지 아니하고 끝까지 지켜 나가는 꿋꿋한 의지.
24. [觀光客]
　① 기본이 되는 표준.
　② 남을 깊이 사랑하고 가엾게 여김.
　③ 여러 사람에게 알릴 내용을 내붙이거나 내걸어 두루 보게 붙이는 판.
　④ 다른 지방이나 다른 나라의 풍경이나 풍물 등을 구경하러 다니는 사람.
25. [求愛行動]
　① 무엇을 필요에 따라 이롭게 씀.
　② 마음속에서 일어나는 느낌이나 생각.
　③ 사랑을 구하는 행동.
　④ 사물이 지니고 있는 쓸모. 값어치.

※ [　　] 안에 들어갈 한자어로 알맞은 것은?
26. 함께 일하고 얻은 [　　]을 나누어 가졌다.
　① 所得　② 禮節　③ 想像　④ 家族
27. 내일 수업 시간에 발표할 조사 [　　]를 준비했다.
　① 體操　② 資料　③ 便紙　④ 經濟

28. 박물관에서 공룡의 [   ]을 살펴보았다.
    ① 反省 ② 化石 ③ 實踐 ④ 偏見
29. [   ]을 사용하여 물체의 무게를 재어보았다.
    ① 選擇 ② 農村 ③ 分銅 ④ 銀行
30. 선사시대 문화 유적을 [   ]하고 사진을 찍었다.
    ① 歷史 ② 主題 ③ 素材 ④ 踏查

주관식 (31~100번)

※ 한자의 훈(뜻)과 음(소리)을 한글로 쓰시오.

31. 里 (   )
32. 林 (   )
33. 安 (   )
34. 衣 (   )
35. 邑 (   )
36. 育 (   )
37. 地 (   )
38. 氣 (   )
39. 植 (   )
40. 漢 (   )

※ 훈음에 맞는 한자를 〈보기〉에서 찾아 쓰시오.

〈보기〉	己 巾 牛 羊 平 本 空 間 車 住

41. 평평할 평 (   )
42. 근본   본 (   )
43. 수건   건 (   )
44. 소   우 (   )
45. 양   양 (   )
46. 물을   문 (   )
47. 살   주 (   )
48. 수레   거 (   )
49. 몸   기 (   )
50. 빌   공 (   )

※ 한자어의 독음을 한글로 쓰시오.

51. 月末 (   )
52. 先手 (   )
53. 中耳 (   )
54. 萬世 (   )
55. 面目 (   )
56. 家內 (   )
57. 所有 (   )
58. 小食 (   )
59. 軍馬 (   )
60. 外來 (   )
61. 日語 (   )
62. 不孝 (   )
63. 每夕 (   )
64. 農時 (   )
65. 合一 (   )
66. 草木 (   )
67. 玉水 (   )
68. 學生 (   )
69. 文士 (   )
70. 登山 (   )

※ 〈보기〉의 뜻을 참고하여 ○안에 공통으로 들어갈 한자를 쓰시오.

71. (1) 目○   (2) 門○   (   )

〈보기〉	(1) 눈 앞. 아주 가까운 장래. (2) 문의 앞 쪽.

72. (1) 人○   (2) ○士   (   )

〈보기〉	(1) 사람이 통행하는 길. (2) 도를 많이 닦아 어느 정도의 경지에 이른 사람.

73. (1) 登○   (2) ○時   (   )

〈보기〉	(1) 학생이 학교에 감. (2) 학교의 수업 시간을 세는 단위.

74. (1) 西○   (2) ○軍   (   )

〈보기〉	(1) 서쪽에 있는 바다. (2) 나라의 바다를 지키는 군대.

75. (1) 敎○   (2) ○內   (   )

〈보기〉	(1) 학생들이 수업 및 학습하는 방. (2) 집 또는 건물의 안.

※ ○안에 공통으로 들어갈 한자를 〈보기〉에서 찾아 쓰시오.

〈보기〉	休　方　名　色　事

76. 靑○　白○　五○　（　　　）
77. ○向　今○　南○　（　　　）
78. ○文　有○　○日　（　　　）

※ 문장에서 잘못 쓴 한자를 바르게 고쳐 쓰시오. (단, 음이 같은 한자로 고칠 것)

79. 선수단이 입장하자 각 나라의 國家가 연주되었다. （　　→　　）
80. 이곳에서는 낮 12시가 되면 正五를 알리는 종소리가 울린다. （　　→　　）

※ [　]안의 단어를 한자로 쓰시오.

81. 오늘도 열심히 [공부]하고 친구들과 사이좋게 지냈다. （　　　）
82. 이 벼루는 [조상] 대대로 이어져 내려온 우리 집안의 가보이다. （　　　）
83. 만년 [하위] 팀이 작년도 우승팀을 이겨 사람들을 놀라게 했다. （　　　）

※ [　]안의 한자어 독음을 한글로 쓰시오.

84. 두 선분이 만나는 지점의 [角]을 쟀다. （　　　）
85. 책을 함께 읽고 서로의 [感想]을 이야기해 보았다. （　　　）
86. [公共]장소에서 남에게 피해가 가는 행동을 하면 안된다. （　　　）
87. [俗談]은 길이가 짧지만 그 안에 깊은 뜻이 담겨 있다. （　　　）
88. 용돈을 모아 [預金] 통장을 만들었다. （　　　）
89. 친구와 새끼손가락을 걸고 [約束]했다. （　　　）
90. 새로 발굴된 유물이 [國寶]로 지정되었다. （　　　）

91. [討論]을 통해 친구들의 다양한 생각을 들어볼 수 있었다. （　　　）
92. 우리는 한 사람도 빠짐없이 우리의 대표를 뽑는 [投票]에 참여했다. （　　　）
93. 이 [都市] 곳곳에는 다양한 양식의 건축물이 있다. （　　　）
94. [液體]인 물을 가열하면 수증기가 된다. （　　　）
95. 위급상황에 출동하는 소방차나 응급차에게는 길을 [讓步]해야 한다. （　　　）
96. 백화점은 다양한 종류의 물건을 [販賣]한다. （　　　）
97. 강원도 영월에는 [韓半島]와 유사한 모양의 지형이 유명하다. （　　　）
98. 요즘은 전국 각지에 다양한 주제와 목적을 가진 [博物館]이 많아져서 찾아다니는 재미가 있다. （　　　）

※ 한자성어의 설명을 읽고 ○ 안에 들어갈 한자를 쓰시오.

99. 男女○少　（　　　）

[남녀노소] '남자와 여자와 늙은이와 젊은이'라는 뜻으로, 곧 '모든 사람'을 이름.

100. 一○千金　（　　　）

[일자천금] '한 글자가 천금의 값'이라는 뜻으로, 아주 훌륭한 글씨나 문장을 이르는 말.

- 수고하셨습니다 -

기출문제 2회

한자자격시험

※ 정답은 별도 배부한 OCR답안지에 작성함

급 수	준5급		
문항수	100	객관식	30
		주관식	70
시험시간	60분		

성 명	
수험번호	- - -

수험생 유의사항

1. 수험표에 표기된 응시급수와 문제지의 급수가 같은지 확인하시오.
2. 답안지에 **성명, 수험번호, 생년월일을 정확하게 표기**하시오.
3. 답안지의 주·객관식 답안란에는 검정색펜을 사용하시오.
4. 답안지의 **객관식 답안의 수정은 수정테이프** 만을 사용하시오.
5. 답안지의 주관식 답안의 수정은 두 줄로 긋고 다시 작성하시오.
6. 수험생의 잘못으로 인해 **답안지에 이물질이 묻거나, 객관식 답안에 복수로 표기할 경우 오답으로 처리**되니 주의하시오.
7. 감독관의 지시가 있을 때까지 문제를 풀지 마시오.
8. 시험 종료 후에는 필기도구를 내려놓고 감독관의 지시를 따르시오.

한자실력급수 자격시험 준5급 기출문제 ⟨2⟩

객관식 (1~30번)

※ [ ] 안의 한자와 음(소리)이 같은 한자는?
1. [士] ① 世 ② 敎 ③ 不 ④ 事
2. [漢] ① 合 ② 韓 ③ 來 ④ 姓
3. [歌] ① 家 ② 市 ③ 住 ④ 前
4. [牛] ① 場 ② 己 ③ 七 ④ 右

※ [ ] 안의 한자의 뜻으로 알맞은 것은?
5. [時] ① 저 ② 이 ③ 때 ④ 글
6. [林] ① 수풀 ② 돕다 ③ 서로 ④ 쉬다
7. [里] ① 나라 ② 서울 ③ 흙 ④ 마을
8. [育] ① 기르다 ② 넘어지다 ③ 바르다 ④ 부르다
9. [草] ① 돌 ② 풀 ③ 물 ④ 골
10. [耳] ① 코 ② 눈 ③ 귀 ④ 입

※ [ ] 안의 한자와 뜻이 반대되거나 상대되는 한자는?
11. [本] ① 夕 ② 末 ③ 六 ④ 二
12. [問] ① 答 ② 火 ③ 上 ④ 月

※ ⟨보기⟩의 단어들과 가장 관련이 깊은 한자는?

13. | ⟨보기⟩ | 씨앗 | 수확 | 풍년 |
① 南 ② 九 ③ 兄 ④ 農

14. | ⟨보기⟩ | 치마 | 셔츠 | 바지 |
① 金 ② 向 ③ 衣 ④ 主

15. | ⟨보기⟩ | 노랑 | 빨강 | 검정 |
① 色 ② 少 ③ 中 ④ 北

※ [ ] 안의 한자어의 독음(소리)으로 알맞은 것은?
16. [和音] ① 화음 ② 화언 ③ 고음 ④ 고언
17. [所得] ① 기대 ② 소대 ③ 기득 ④ 소득
18. [便紙] ① 갱지 ② 편지 ③ 경지 ④ 서찰
19. [等高線] ① 대기선 ② 적외선 ③ 등고선 ④ 자외선
20. [博物館] ① 박람회 ② 도서관 ③ 전시관 ④ 박물관

※ [ ] 안의 한자어의 뜻으로 알맞은 것은?
21. [文段]
① 사상이나 감정을 언어로 표현한 예술.
② 일정한 형식을 따르지 않고 생각나는 대로 쓴 산문.
③ 여러 문장을 하나로 묶는 글의 단위.
④ 안부, 소식, 용무 따위를 적어 보내는 글.
22. [分銅]
① 물질에서 화학적 형태와 성질을 잃지 않고 분리될 수 있는 최소의 입자.
② 물질의 기본적 구성단위.
③ 물체을 구성하는 미세한 크기의 물질.
④ 물건의 무게를 달 때, 무게의 표준으로서 한쪽 저울판 위에 올려놓는 쇠붙이로 된 추.
23. [年表]
① 옛날에 있었던 일들을 일어난 순서에 따라 표로 정리한 것.
② 지나간 시간을 일정한 햇수로 나눈 것.
③ 같은 시대에 살면서 공통의 의식을 가지는 비슷한 연령층의 사람 전체.
④ 인류 사회의 변천과 흥망의 과정.
24. [都市]
① 자기가 태어나서 자란 곳.
② 시가지에서 좀 떨어져 있는 들판.
③ 인구가 많고, 번화한 지역.
④ 깊은 산속의 구석지고 으슥한 곳.
25. [幸福]
① 바라고 원함.
② 흐뭇하도록 만족하여 부족이나 불만이 없음.
③ 베풀어 준 은혜나 도움.
④ 바라던 일이 뜻대로 되지 아니하여 마음이 몹시 상함.

※ [ ] 안에 들어갈 한자어로 알맞은 것은?
26. [   ]를 연결하는 방법으로 직렬 연결과 병렬 연결이 있다.
① 詩 ② 踏査 ③ 投票 ④ 電池
27. 더불어 사는 사회를 만들려면 친절과 [   ]를 실천해야한다.
① 讓步 ② 液體 ③ 國寶 ④ 販賣

28. 다른 사람이나 사건에 대해 함부로 [   ]을 가지고 판단해서는 안 된다.
    ① 偏見 ② 實踐 ③ 銀行 ④ 農村
29. 매일 밤 달의 모양을 [   ]해 보았다.
    ① 地層 ② 預金 ③ 觀察 ④ 支出
30. 물건을 살 때에는 소비자의 현명한 [   ]이 중요하다.
    ① 堆積 ② 選擇 ③ 家族 ④ 想像

주관식 (31~100번)

※ 한자의 훈(뜻)과 음(소리)을 한글로 쓰시오.
31. 左 (   )
32. 空 (   )
33. 孝 (   )
34. 寸 (   )
35. 民 (   )
36. 位 (   )
37. 休 (   )
38. 羊 (   )
39. 間 (   )
40. 先 (   )

※ 훈음에 맞는 한자를 〈보기〉에서 찾아 쓰시오.

〈보기〉	室 白 下 軍 洞 父 目 千 石 面

41. 돌   석 (   )
42. 집   실 (   )
43. 골   동 (   )
44. 눈   목 (   )
45. 군사   군 (   )
46. 낮   면 (   )
47. 흰   백 (   )
48. 아버지 부 (   )
49. 일천   천 (   )
50. 아래   하 (   )

※ 한자어의 독음을 한글로 쓰시오.
51. 植木 (   )
52. 江山 (   )
53. 長老 (   )
54. 平日 (   )
55. 外出 (   )
56. 水力 (   )
57. 祖國 (   )
58. 五里 (   )
59. 玉手 (   )
60. 孝道 (   )
61. 每年 (   )
62. 邑內 (   )
63. 校門 (   )
64. 字林 (   )
65. 生育 (   )
66. 同時 (   )
67. 萬全 (   )
68. 入口 (   )
69. 登記 (   )
70. 正午 (   )

※ 〈보기〉의 뜻을 참고하여 ○안에 공통으로 들어갈 한자를 쓰시오.

71. (1) 日○   (2) ○力   (   )

〈보기〉	(1) 날씨. (2) 정신과 육체의 힘.

72. (1) 文○   (2) 事○   (   )

〈보기〉	(1) 문화의 산물. (2) 일과 사물.

73. (1) 電○   (2) 下○   (   )

〈보기〉	(1) 전력을 공급받아 궤도 위를 다니는 차. (2) 타고 있던 차에서 내림.

74. (1) 國○   (2) 同○   (   )

〈보기〉	(1) 한 나라의 국민이 쓰는 말. 또는 우리나라의 말. (2) 같은 말.

75. (1) 校○   (2) ○女   (   )

〈보기〉	(1) 학교의 교무를 통괄하는 으뜸 지위에 있는 사람. (2) 맏딸.

※ ○안에 공통으로 들어갈 한자를 〈보기〉에서 찾아 쓰시오.

〈보기〉	食　足　學　馬　男

76. 木○　　○力　　出○　　（　　　）
77. ○口　　間○　　韓○　　（　　　）
78. ○年　　大○　　文○　　（　　　）

※ 문장에서 잘못 쓴 한자를 바르게 고쳐 쓰시오. (단, 음이 같은 한자로 고칠 것)

79. 스승의 가르침을 잘 따르는 것이 弟自의 도리다.　　（　　→　　）
80. 할머니께서 代門 앞에서 우리를 반갑게 맞아주셨다.　　（　　→　　）

※ [　]안의 단어를 한자로 쓰시오.

81. 나는 [유명]한 과학자가 되고 싶다.　（　　　）
82. 이 집은 [북방] 지역 건물의 특징을 잘 보여준다.　（　　　）
83. 캄캄한 밤길에 부모님이 마중 와주셔서 [안심]이 되었다.　（　　　）

※ [　]안의 한자어 독음을 한글로 쓰시오.

84. 별을 보고 [聯想]되는 것을 적어보면 사람마다 다르다.　（　　　）
85. 이 신문에는 흥미로운 [素材]의 기사가 많이 실려 있었다.　（　　　）
86. 대부분의 액체는 얼면 [固體]가 된다.　（　　　）
87. 오늘 잘못했던 일을 일기에 쓰면서 스스로 [反省]하였다.　（　　　）
88. 우리나라는 개인의 재산을 인정하고 자유로운 [經濟]활동을 보장한다.（　　　）
89. [流通] 단계에 따라 제품의 가격이 달라질 수 있다.　（　　　）
90. 과거의 [歷史]를 제대로 배우면 미래를 준비하는 지혜를 얻을 수 있다.（　　　）

91. 우리는 건물 앞에 줄을 서서 차례대로 입장하며 [秩序]를 지켰다.　（　　　）
92. [地圖]에서 우리 집과 가까운 소방서의 위치를 찾아보았다.　（　　　）
93. 발표 [資料] 준비를 위해 도서관에 갔다.　（　　　）
94. 내가 새로운 [話題]를 꺼내자 사람들이 모두 나에게 집중했다.　（　　　）
95. 인터넷 상에서도 반드시 지켜야 할 [禮節]이 있다.　（　　　）
96. 호박과 수박을 [對照]하여 그 차이점을 글로 써 보았다.　（　　　）
97. 지금쯤 [農村]은 모내기로 한창 바쁠 때이다.　（　　　）
98. 길을 헤매는 [觀光客]에게 다가가 목적지까지 길 안내를 해주었다.　（　　　）

※ 한자성어의 설명을 읽고 ○ 안에 들어갈 한자를 쓰시오.

99. 人山人○　　（　　　）

[인산인해] 사람으로 이루어진 산과 바다라는 뜻으로, '많은 사람이 모인 상태'를 이르는 말.

100. 東西○今　　（　　　）

[동서고금] 동양과 서양, 옛날과 지금이란 뜻으로 '인간 사회의 모든 시대, 모든 곳'을 이르는 말.

- 수고하셨습니다 -

기출문제 3회

한자자격시험

※ 정답은 별도 배부한 OCR답안지에 작성함

급 수	준5급			성 명				
문항수	100	객관식	30	수험번호		-		-
		주관식	70					
시험시간	60분							

수험생 유의사항

1. 수험표에 표기된 응시급수와 문제지의 급수가 같은지 확인하시오.
2. 답안지에 성명, 수험번호, 생년월일을 정확하게 표기하시오.
3. 답안지의 주·객관식 답안란에는 검정색펜을 사용하시오.
4. 답안지의 객관식 답안의 수정은 수정테이프 만을 사용하시오.
5. 답안지의 주관식 답안의 수정은 두 줄로 긋고 다시 작성하시오.
6. 수험생의 잘못으로 인해 답안지에 이물질이 묻거나, 객관식 답안에 복수로 표기할 경우 오답으로 처리되니 주의하시오.
7. 감독관의 지시가 있을 때까지 문제를 풀지 마시오.
8. 시험 종료 후에는 필기도구를 내려놓고 감독관의 지시를 따르시오.

한자실력급수 자격시험 준5급 기출문제 〈3〉

객관식 (1~30번)

※ [ ] 안의 한자와 음(소리)이 같은 한자는?
1. [午] ① 心 ② 四 ③ 六 ④ 五
2. [空] ① 工 ② 父 ③ 人 ④ 九
3. [己] ① 上 ② 氣 ③ 十 ④ 母
4. [字] ① 門 ② 農 ③ 自 ④ 兄

※ [ ] 안의 한자의 뜻으로 알맞은 것은?
5. [左] ① 앞쪽 ② 남쪽 ③ 맞쪽 ④ 왼쪽
6. [軍] ① 행운 ② 군사 ③ 수레 ④ 마당
7. [羊] ① 양 ② 소 ③ 말 ④ 개
8. [語] ① 물건 ② 저자 ③ 말씀 ④ 시험
9. [洞] ① 놀 ② 홀 ③ 돌 ④ 골
10. [衣] ① 꽃 ② 옷 ③ 못 ④ 낮

※ [ ] 안의 한자와 뜻이 반대되거나 상대되는 한자는?
11. [老] ① 歌 ② 方 ③ 八 ④ 少
12. [大] ① 小 ② 南 ③ 七 ④ 靑

※ 〈보기〉의 단어들과 가장 관련이 깊은 한자는?
13. 〈보기〉 공부   학생   선생님
    ① 火 ② 天 ③ 校 ④ 寸
14. 〈보기〉 밥   빵   국수
    ① 食 ② 弟 ③ 夫 ④ 右
15. 〈보기〉 엔진   바퀴   운전대
    ① 北 ② 石 ③ 外 ④ 車

※ [ ] 안의 한자어의 독음(소리)으로 알맞은 것은?
16. [討論] ① 촌평 ② 토론 ③ 언론 ④ 토의
17. [約束] ① 약속 ② 표략 ③ 사동 ④ 조업
18. [都市] ① 매시 ② 자시 ③ 홍시 ④ 도시
19. [讓步] ① 진척 ② 양보 ③ 의사 ④ 언어
20. [投票] ① 수효 ② 역할 ③ 투표 ④ 대조

※ [ ] 안의 한자어의 뜻으로 알맞은 것은?
21. [公共]
① 마음에 느끼어 생각함.
② 명성이 널리 알려진 사람.
③ 어떤 일의 결과로 얻는 것.
④ 사회의 여러 사람에게 관계되는 것.

22. [帶分數]
① 정수와 진분수의 합으로 이루어진 분수.
② 암석이 층으로 쌓여 있는 것.
③ 어떤 것을 만드는 데 바탕이 되는 재료.
④ 어떤 목적을 위하여 돈이나 물건을 치러 줌.

23. [韓半島]
① 창조된 가치가 뛰어난 사물.
② 대한민국 국토인 반도.
③ 흐뭇하도록 만족하여 부족이나 불만이 없음.
④ 해발 고도가 같은 지점을 연결한 곡선.

24. [販賣]
① 사람이 지켜야 할 도리.
② 신문이나 잡지 등에서 어떠한 일을 알리는 글.
③ 상품을 팖.
④ 많이 덮쳐 쌓임.

25. [國寶]
① 국가가 보호·관리하는 문화재.
② 전기가 통하지 않는 물질.
③ 화학적인 반응에 의하여 전기를 일으키는 장치.
④ 인구가 많고 변화한 지역.

※ [ ] 안에 들어갈 한자어로 알맞은 것은?
26. 지도의 [   ]을/를 참고하여 두 지점의 실제 거리를 계산해 보았다.
    ① 反省 ② 縮尺 ③ 經濟 ④ 便紙

27. 말로만 하는 것 보다 [   ]에 옮기는 것이 중요하다.
    ① 對照 ② 偏見 ③ 秩序 ④ 實踐

28. 맨손 [   ]은/는 어디서나 쉽게 할 수 있다.
    ① 素材 ② 年表 ③ 體操 ④ 農村

29. [   ]에 가서 저축 통장을 만들었다.
    ① 銀行 ② 資料 ③ 幸福 ④ 觀察

30. [   ]에는 풍자적인 내용이나 교훈이 있다.
    ① 預金 ② 所得 ③ 選擇 ④ 俗談

주관식 (31~100번)

※ 한자의 훈(뜻)과 음(소리)을 한글로 쓰시오.

31. 前 (　　　　)
32. 海 (　　　　)
33. 末 (　　　　)
34. 育 (　　　　)
35. 里 (　　　　)
36. 登 (　　　　)
37. 今 (　　　　)
38. 馬 (　　　　)
39. 學 (　　　　)
40. 牛 (　　　　)

※ 훈과 음에 맞는 한자를 〈보기〉에서 찾아 쓰시오.

〈보기〉	夕 玉 世 合 安 耳 色 邑 林 祖

41. 합할　합 (　　　　)
42. 할아비　조 (　　　　)
43. 고을　읍 (　　　　)
44. 편안할　안 (　　　　)
45. 세상　세 (　　　　)
46. 저녁　석 (　　　　)
47. 귀　이 (　　　　)
48. 구슬　옥 (　　　　)
49. 빛　색 (　　　　)
50. 수풀　림 (　　　　)

※ 한자어의 독음을 한글로 쓰시오.

51. 手巾 (　　　　)
52. 間食 (　　　　)
53. 時代 (　　　　)
54. 先生 (　　　　)
55. 漢江 (　　　　)
56. 植物 (　　　　)
57. 正教 (　　　　)
58. 洞口 (　　　　)
59. 萬年 (　　　　)
60. 面目 (　　　　)
61. 孝子 (　　　　)
62. 全力 (　　　　)
63. 名士 (　　　　)
64. 下校 (　　　　)
65. 每月 (　　　　)
66. 長男 (　　　　)
67. 千軍 (　　　　)
68. 方寸 (　　　　)
69. 中語 (　　　　)
70. 分立 (　　　　)

※ 〈보기〉의 뜻을 참고하여 ○안에 공통으로 들어갈 한자를 쓰시오.

71. (1) 萬○　　(2) ○物　　(　　　　)

〈보기〉	(1) 모든 일. (2) 일이나 물건.

72. (1) 本○　　(2) ○年　　(　　　　)

〈보기〉	(1) 사물이나 사실이 전하여 내려온 그 처음. (2) 다음 해.

73. (1) 入○　　(2) ○面　　(　　　　)

〈보기〉	(1) 식장이나 경기장 따위에 들어감. (2) 어떤 장소에서 드러난 면이나 벌어진 광경.

74. (1) 休○　　(2) ○記　　(　　　　)

〈보기〉	(1) 쉬는 날. (2) 날마다 그날 겪은 일이나 생각 따위를 적은 것.

75. (1) ○名　　(2) ○力　　(　　　　)

〈보기〉	(1) 이름이 널리 알려져 있음. (2) 세력이나 재산이 있음.

※ ○안에 공통으로 들어갈 한자를 〈보기〉에서 찾아 쓰시오.

〈보기〉	向	平	同	道	電

76. ○氣 ○子 家○ (　　　)

77. ○地 水○ ○民 (　　　)

78. 國○ 孝○ 車○ (　　　)

※ 문장에서 잘못 쓴 한자를 바르게 고쳐 쓰시오. (단, 음이 같은 한자로 고칠 것)

79. 어진 임금은 白姓을/를 위한 정치를 했다. (　　→　　)

80. 이사를 해서 우리 집의 主所이/가 바뀌었다. (　　→　　)

※ [ ]안의 단어를 한자로 쓰시오.

81. 왕자는 [왕위]를 포기하고 사랑하는 사람과 결혼했다. (　　　)

82. 우리 동네 입구에는 커다란 [고목] 한 그루가 있다. (　　　)

83. 창문을 열어 [실내] 공기를 환기시켰다. (　　　)

※ [ ]안의 한자어 독음을 한글로 쓰시오.

84. 미래 도시의 모습을 [想像]하여 그림을 그렸다. (　　　)

85. 선사 시대 유물이 매장되어 있는 [地層]이/가 발견되었다. (　　　)

86. 저 멀리서 들려오는 [音樂]을/를 가만히 들어 보았다. (　　　)

87. 이 글의 [主題]을/를 한 줄 문장으로 정리해 보았다. (　　　)

88. 유적지 [踏査]을/를 마치고 보고서를 썼다. (　　　)

89. 오늘 신문에서 감동적인 내용의 [記事]을/를 읽었다. (　　　)

90. 사람과 사람 사이에는 반드시 지켜야 할 [禮節]이/가 있다. (　　　)

91. 물건의 가격은 [流通] 단계에 따라 달라질 수 있다. (　　　)

92. [歷史]을/를 통해 조상들의 지혜를 배울 수 있다. (　　　)

93. 피서지에는 [家族] 단위 관광객이 많았다. (　　　)

94. 이곳 박물관에는 백제시대 [文化財]이/가 많다. (　　　)

95. 유리와 고무는 [不導體](이)다. (　　　)

96. 이번 달에는 용돈의 [支出]이/가 많았다. (　　　)

97. 이곳에 [堆積]된 물질의 성분을 조사해보았다. (　　　)

98. 좋은 [詩]은/는 깊은 감동을 주기도 한다. (　　　)

※ 한자성어의 설명을 읽고 ○안에 들어갈 한자를 쓰시오.

99. 東問西○　(　　　)

[동문서답] 동쪽을 묻는데 서쪽을 대답한다.'는 뜻으로 묻는 말에 대해 엉뚱한 대답을 하는 경우를 이르는 말.

100. 山川○木　(　　　)

[산천초목] 산과 내와 풀과 나무, 곧 '자연'을 이르는 말.

- 수고하셨습니다 -

모범 답안

연습문제<1> 답안

[객관식]

1	②	6	④	11	④	16	②	21	③	26	④
2	④	7	①	12	①	17	④	22	④	27	①
3	①	8	③	13	③	18	①	23	③	28	③
4	③	9	①	14	①	19	③	24	②	29	④
5	②	10	②	15	④	20	③	25	③	30	②

[주관식]

31	대신할 대	55	이목	79	洞→同
32	백성 민	56	교육	80	代→大
33	먼저 선	57	정오	81	有名
34	말씀 어	58	좌우	82	安心
35	예고	59	휴일	83	空軍
36	구슬 옥	60	방금	84	연상
37	오를 등	61	선조	85	경제
38	적을 소	62	실외	86	투표
39	길 도	63	삼천리	87	반성
40	사이 간	64	옥석	88	한반도
41	字	65	청천	89	문화재
42	向	66	주소	90	지도
43	記	67	분모	91	박람회
44	衣	68	월말	92	소재
45	所	69	인간	93	고체
46	長	70	읍내	94	화음
47	巾	71	氣	95	실천
48	位	72	物	96	양보
49	農	73	面	97	전지
50	合	74	海	98	질서
51	등산	75	電	99	問, 答
52	노인	76	食	100	川, 草
53	지상	77	來		
54	효도	78	馬		

연습문제<2> 답안

[객관식]

1	③	6	①	11	②	16	②	21	①	26	①
2	①	7	③	12	④	17	①	22	④	27	④
3	④	8	②	13	①	18	④	23	②	28	②
4	②	9	④	14	③	19	③	24	③	29	③
5	④	10	②	15	②	20	③	25	①	30	①

[주관식]

31	바 소	55	수기	79	木→目
32	앞 전	56	향방	80	洞→同
33	끝 말	57	본래	81	問安
34	성씨 성	58	남북	82	代母
35	귀 이	59	국군	83	古今
36	마을 리	60	지하	84	실천
37	빛 색	61	자족	85	음악
38	합할 합	62	중립	86	약속
39	오를 등	63	청백	87	양보
40	올 래	64	식민	88	예절
41	玉	65	입구	89	질서
42	住	66	만일	90	체조
43	休	67	공기	91	편견
44	牛	68	내외	92	행복
45	邑	69	화력	93	부도체
46	答	70	초목	94	전지
47	平	71	祖	95	화음
48	先	72	學	96	속담
49	羊	73	敎	97	문단
50	世	74	馬	98	박람회
51	농사	75	名	99	字, 千
52	장소	76	間	100	山, 海
53	효도	77	校		
54	오전	78	年		

모범 답안

연습문제<3> 답안

[객관식]

1	④	6	①	11	③	16	②	21	①	26	④
2	②	7	④	12	④	17	①	22	④	27	②
3	③	8	②	13	①	18	④	23	②	28	①
4	①	9	①	14	③	19	②	24	①	29	③
5	③	10	③	15	②	20	③	25	③	30	①

[주관식]

31	소 우	55	옥석	79	長→場
32	합할 합	56	오전	80	主→住
33	양 양	57	등산	81	植木日
34	기를 육	58	조부	82	邑內
35	할아비 조	59	본말	83	空間
36	낯 면	60	중립국	84	국보
37	풀 초	61	자기	85	토론
38	있을 유	62	어문	86	농촌
39	마을 리	63	분모	87	유통
40	먼저 선	64	동문	88	부도체
41	洞	65	평안	89	구애행동
42	全	66	한강	90	가족
43	市	67	대입	91	각
44	世	68	방향	92	축척
45	民	69	내년	93	판매
46	萬	70	해녀	94	예절
47	大	71	校	95	공공
48	馬	72	家	96	감상
49	休	73	場	97	주제
50	手	74	食	98	소득
51	불시	75	道	99	士, 農
52	상위	76	氣	100	耳, 目
53	교실	77	物		
54	산림	78	學		

연습문제<4> 답안

[객관식]

1	①	6	①	11	②	16	④	21	③	26	②
2	④	7	③	12	③	17	①	22	④	27	①
3	②	8	①	13	④	18	②	23	①	28	③
4	③	9	②	14	①	19	③	24	②	29	④
5	②	10	③	15	③	20	②	25	①	30	②

[주관식]

31	기록할 기	55	조국	79	問→文
32	오른 우	56	일기	80	場→長
33	긴 장	57	정답	81	主語
34	끝 말	58	석식	82	夫人
35	예 고	59	유명	83	本色
36	집 실	60	시대	84	행복
37	몸 기	61	선생	85	편견
38	적을 소	62	수건	86	체조
39	대신할 대	63	읍내	87	화음
40	빌 공	64	교실	88	한반도
41	林	65	고물	89	박물관
42	洞	66	초가	90	투표
43	植	67	공군	91	지출
44	牛	68	인간	92	소득
45	育	69	농토	93	화석
46	住	70	교문	94	분동
47	里	71	安	95	관찰
48	孝	72	來	96	기사
49	午	73	事	97	토론
50	合	74	學	98	판매
51	상의	75	所	99	面, 歌
52	입지	76	登	100	電, 光
53	향방	77	每		
54	대해	78	世		

연습문제<5> 답안

[객관식]

1	①	6	②	11	④	16	③	21	③	26	①
2	③	7	①	12	②	17	④	22	④	27	④
3	④	8	③	13	③	18	①	23	②	28	②
4	②	9	②	14	①	19	②	24	④	29	③
5	④	10	④	15	②	20	④	25	②	30	①

[주관식]

31	온전할 전	55	출마	79	士→事
32	편안할 안	56	산림	80	漢→韓
33	쉴 휴	57	평안	81	姓名
34	모 방	58	합동	82	面目
35	구슬 옥	59	전력	83	場所
36	먼저 선	60	문자	84	답사
37	번개 전	61	자기	85	등고선
38	기를 육	62	등산	86	문화재
39	북녘 북	63	인간	87	박물관
40	군사 군	64	효도	88	역사
41	間	65	왕실	89	연표
42	平	66	내세	90	지도
43	邑	67	해수	91	가족
44	內	68	식물	92	반성
45	夫	69	민초	93	연상
46	住	70	공기	94	주제
47	靑	71	午	95	양보
48	向	72	里	96	예절
49	外	73	地	97	관광객
50	羊	74	國	98	구애활동
51	일기	75	敎	99	老, 少
52	수건	76	不	100	古, 今
53	연말	77	農		
54	국립	78	學		

기출

1	③	6	①
2	②	7	③
3	①	8	④
4	③	9	①
5	②	10	②

31	마을 리
32	수풀 림
33	편안할 안
34	옷 의
35	고을 읍
36	기를 육
37	땅 지
38	기운 기
39	심을 식
40	한수/나라이름 한
41	平
42	本
43	巾
44	牛
45	羊
46	問
47	住
48	車
49	己
50	空
51	월말
52	선수
53	중이
54	만세

기출문제 <3> 답안

[객관식]

1	④	6	②	11	④	16	②	21	④	26	②
2	①	7	①	12	①	17	①	22	①	27	④
3	②	8	③	13	③	18	④	23	②	28	③
4	③	9	④	14	①	19	②	24	③	29	①
5	④	10	②	15	④	20	③	25	①	30	④

[주관식]

31	앞 전	55	한강	79	白→百
32	바다 해	56	식물	80	主→住
33	끝 말	57	정교	81	王位
34	기를 육	58	동구	82	古木
35	마을 리	59	만년	83	室內
36	오를 등	60	면목	84	상상
37	이제 금	61	효자	85	지층
38	말 마	62	전력	86	음악
39	배울 학	63	명사	87	주제
40	소 우	64	하교	88	답사
41	合	65	매월	89	기사
42	祖	66	장남	90	예절
43	邑	67	천군	91	유통
44	安	68	방촌	92	역사
45	世	69	중어	93	가족
46	夕	70	분립	94	문화재
47	耳	71	事	95	부도체
48	玉	72	來	96	지출
49	色	73	場	97	퇴적
50	林	74	日	98	시
51	수건	75	有	99	答
52	간식	76	電	100	草
53	시대	77	平		
54	선생	78	道		

※ 응시자는 채점란의 ○표에 표기하지 마시오.

문항	주관식 답안란	채점란
51		○
52		○
53		○
54		○
55		○
56		○
57		○
58		○
59		○
60		○
61		○
62		○
63		○
64		○
65		○
66		○
67		○
68		○
69		○
70		○
71		○
72		○
73		○
74		○
75		○
76		○
77		○
78		○
79		○
80		○
81		○
82		○
83		○
84		○
85		○
86		○
87		○
88		○
89		○
90		○
91		○
92		○
93		○
94		○
95		○
96		○
97		○
98		○
99		○
100		○